中国地方文化研究

主编◎吴格非　　孟庆波

ZHONGGUO
DIFANG WENHUA YANJIU

中国矿业大学出版社
·徐州·

图书在版编目(C I P)数据

中国地方文化研究/吴格非,孟庆波主编.—徐州:
中国矿业大学出版社,2024.7

ISBN 978 - 7 - 5646 - 6027 -7

Ⅰ.①中⋯　Ⅱ.①吴⋯ ②孟⋯　Ⅲ.①地方文化一文
化研究一中国　Ⅳ.①G127

中国国家版本馆 CIP 数据核字(2023)第 206154 号

书　　名	中国地方文化研究	
主　　编	吴格非　　孟庆波	
责任编辑	万士才	
出版发行	中国矿业大学出版社有限责任公司	
	(江苏省徐州市解放南路　邮编 221008)	
营销热线	(0516)83885370　 83884103	
出版服务	(0516)83995789　 83884920	
网　　址	http://www.cumtp.com　 **E-mail**:cumtpvip@cumtp.com	
印　　刷	徐州中矿大印发科技有限公司	
开　　本	787 mm×1092 mm　 1/16　 **印张** 13.25　 **字数** 231 千字	
版次印次	2024 年 7 月第 1 版　 2024 年 7 月第 1 次印刷	
定　　价	53.00 元	

(图书出现印装质量问题,本社负责调换)

目　　录

方花为柱,八极既张

——汉代墓葬中的方花纹研究

孟 颖

摘 要:方花纹是汉代墓葬中常见的装饰纹样,多出现于墓室顶部、石棺棺板、铜镜镜钮上,其具体的原型难以考证。目前汉代墓葬中常见的方花纹形式主要有日月方花纹和莲花纹图像,多呈四瓣或八瓣,代表着汉代人四方、八极的宇宙观念。方花纹在墓葬中的运用是对初民宇宙观和天人观念的承袭,并在此基础上赋予了汉代所追求的升仙思想,成为汉代墓葬中架构其天—人沟通的"天柱",是汉代人一种意象中的"柱"。

关键词:汉代;方花纹;柿蒂纹;莲花;天柱

方花在汉代墓葬装饰中极为常见,多为四瓣或八瓣结构,呈轴中心对称纹样。当前对方花纹的研究主要集中在图像原型及命名的争议和象征意义的探究上。林巳奈夫认为其原型为莲花,代表着天帝。[①] 田自秉将有四片叶状的纹饰统称为"四叶纹",认为其原型极可能是楚人钟爱的荷花。[②] 张朋川《宇宙图式中的天穹之花——柿蒂纹辨》一文中认为这类图像是莲花纹及其变体的样式,象征着天穹之中的华盖。[③] 刘道广《所谓"柿蒂纹"应为

---

① 蔡凤书,林巳奈夫:《中国古代莲花的象征(一)》,《文物季刊》,1999 年第 3 期,第 78—95 页。

② 田自秉:《中国工艺美术史》,东方出版中心,2010 年,第 74 页。

③ 张朋川:《宇宙图式中的天穹之花——柿蒂纹辨》,《装饰》,2002 年第 12 期,第 4—5 页。

"侯纹"论辨》中则视其为有"取爵富贵"之义的"侯纹"。① 李零的《"方华蔓长,名此曰昌"——为"柿蒂纹"正名》,依据战国铜镜中"方华蔓长,名此曰昌"的铭文,纠正了过去将这类图像统称为"柿蒂纹"的误读,他认为应将其正名为"方华纹"或"方花纹",有标志方位的作用,而"柿蒂纹"只是"方花纹"的一种。② 张同标的《汉晋柿蒂纹不是莲花的辨析》汇总分析了各学者不同的观点并提出质疑,他认为将这类图像认定为莲花并无明确依据。③

本研究以汉代墓葬中的方花纹为研究对象,综合李零、张同标的部分观点,将"方花"作为后世对这类图像笼统的代称。一方面,部分的图像确实具有极为典型的莲花特征,如有莲蓬的刻画、莲与鱼的图像组合等,可以认定为莲花纹,但仍有部分图像与莲花形象出入较大,形式多样而无法确认其原型。另一方面,在古代造型艺术中这类并不一定具有明确的称呼或原型,如张同标所言"原型可能是普遍意义上的花朵",不宜在造型艺术研究中"求之过甚"。本研究中沿用"方花"之称,一是其整体造型上大多方正规整,二是这类图像"标志方向"的作用。方花纹与汉代丧葬观念相结合,在墓葬中起着指引方向、引导升仙的作用,象征着墓主人沟通天地的"天柱"。

一、汉代墓葬中方花纹的造型

根据出土情况,笔者认为汉代墓葬中方花纹的造型主要呈现出以下特点:① 具有对称性,整体的轮廓大致为方形;② 通常由两部分组成——花心和花瓣;③ 花心部分大多呈现圆或圆环状,有时也会迎合整体的花瓣造型而被简略掉;④ 花瓣的数量为四瓣或八瓣,造型丰富多变(图1)。多变的花瓣造型主要分为以下四种样式(表1)。

样式一,桃状花瓣:这类方花纹的花瓣两条曲线自然向顶端收拢,形成尖角。由于形似柿蒂,所以一度被称为"柿蒂纹",取事事如意之义。拉长后的花瓣形似荷花,如山东嘉祥武宅山村北出土的桓灵时期汉墓,藻井中莲纹花瓣腹部饱满,尾端细长。

---

① 刘道广:《所谓"柿蒂纹"应为"侯纹"论辨》,《考古与文物》,2011年第3期,第58—61页。

② 李零:《"方华蔓长,名此曰昌"——为"柿蒂纹"正名》,《中国国家博物馆馆刊》,2012年第7期,第35—41页。

③ 张同标:《汉晋柿蒂纹不是莲花的辨析》,《中国美术研究》,2014年第4期,第4—22页。

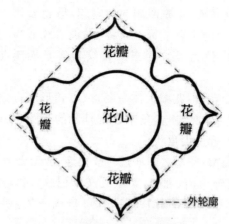

图1　汉代墓葬中方花纹的造型特征

表1　汉代墓葬中方花纹的花瓣样式

样式一 桃状花瓣			
样式二 卷云状花瓣			
样式三 尖角形花瓣			
样式四 侯形花瓣			

样式二,卷云状花瓣:花瓣两侧向内卷起,呈卷云状。卷云状花瓣是汉代流行的云纹瓦当上的主要纹饰。李零在《说云纹瓦当——兼论战国秦汉铜镜上的四瓣花》中认为云纹瓦当的花纹其实是四瓣花的变形,并不是云纹。①

样式三,尖角形花瓣:花瓣大体呈菱形、三角形或方尖状,顶端有尖角。在日月方花纹中较为常见,用尖角来表现日月的光芒。山东嘉祥宋山出土的八瓣莲纹,花瓣也皆呈尖角状。

样式四,侯形花瓣:花瓣之间通过弧线相连,造型更加简洁概括。

由于大部分纹饰简洁、抽象,又缺乏文献记载,所以难以考辨原型,统称为"方花"。但其中仍有部分特征图像可自成一类,如日月方花纹和莲花纹。

（一）日月方花纹

日月方花纹以日月为原型,日月的边缘有指向四个不同方向的花纹。安徽萧县圣村 M1 出土的日月同辉图像,位于前室北壁门楣北面,左侧为象征太阳的三足乌,饰有四个指向四方的卷云状花瓣纹,右侧以蟾、兔象征月亮,花瓣呈草叶状(图2)。萧县陈沟汉墓出土的前室南耳室门楣画像左右两侧也有相似的日月方花图像,花瓣为方尖状(图3)。洛阳西汉卜千秋汉墓主室墓顶平脊内侧壁画中的日月图像,轮廓四周饰以火纹,象征着日月之光辉(图4)。金谷园新莽壁画墓后室藻井上的日月图像也有呈现出方花纹的趋势,月亮边缘为宽扁的桃状花瓣。萧县破阁 M61 中室北壁左、右立柱上方刻有方花纹,虽没有明显的日月特征,但有司日月之职的伏羲、女娲的出现,意味着左右立柱上的方花,具有阴阳相济的特征,极可能是分别代表日、月的方花纹(图5)。

山东地区的日月方纹造型上更加简洁抽象。山东邹城石墙镇车路口村汉墓,前室藻井盖石由两块相同的图案拼合而成,两圆分别代表日、月,散发着三角形的光芒。该墓室南耳室的方纹与前室相似,象征太阳,北耳室圆心有一"十"字纹,无放射光芒(图6)。山东邹城城南兴隆庄也有类似的纹饰出土。

---

① 李零:《说云纹瓦当——兼论战国秦汉铜镜上的四瓣花》,《上海文博论丛》,2004 年第 4 期,第 63—68 页。

图 2　日月方花纹　安徽萧县圣村 M1 出土

图 3　日月方花纹　安徽萧县陈沟汉墓出土

图 4　日月方花纹　洛阳西汉卜千秋汉墓主室墓顶平脊内侧壁画

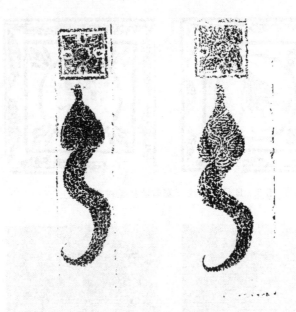

图 5　日月方纹　安徽萧县破阁 M61 出土

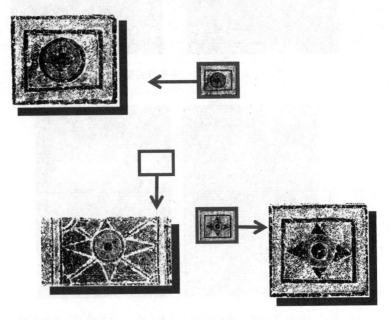

图 6　日月方花纹　山东邹城石墙镇车路口村汉墓出土

之所以将其认定为日、月，一方面是这类图像通常位于墓室顶部，且布局具有一定的对称性，形成日月同辉的景象，使墓主人可以同沐日月、阴阳和合，从而构造出升仙的理想环境。另一方面，早期艺术的日月图像就已经时常表现为方花的造型了(图7)。安徽凌家滩文化出土的玉版共有三层太阳方花纹，第一层以方形为花心，四边各有一对相对称的直角三角形，形成八角星纹；第二层以圆为花心，边缘刻画分指八方的方尖状图案；第三层以包含一、二层的大圆为花心，方尖状图案指向四个不同方向。

1—陕西仰韶文化彩陶壶；2—湖南汤家岗陶盘；3—青铜器纹样圆形太阳纹；
4、5—安徽凌家滩文化玉版、玉鹰；6—广西花山岩画；7—大汶口彩陶盆上的八角太阳纹。

图7 早期艺术中的"太阳纹"

我国新石器文化遗址中，东自山东及江苏北部的大汶口文化，西至甘肃、青海黄土高原的马家窑文化，北起内蒙古的小河沿文化，南到长江上游的大溪文化及其下游的良渚文化，都发现了第一层的八角星纹图案。蔡英杰《太阳循环与八角星纹和卐字符号》一文认为，八角星纹图案寓意着太阳一天中的视循环运动图。远古传说中有"十日"之说，其实是根据太阳运行所处的不同时段，不同位置划分而形成的运行轨迹。中间的正方形或圆形，代表的是中心，即太阳戊和太阳己运行的方位。东方的两个三角形为太阳甲和太阳乙运行的方位，南方的两个三角形为太阳丙和太阳丁运行的方位，西方的两个三角形为太阳庚和太阳辛运行的方位，北方的两个三角形为太阳壬和太阳癸运行的方位。八卦也是由八角星纹图案演变形成的。① 汉代墓葬中方花形的太阳纹主要为四角,接近凌家滩玉版太阳纹中第三层的样式,萧县陈沟汉墓的日月方花纹外圈也是这样的方尖状。四角的太阳纹更像是从八角简化而来,分别指向东南西北四个方位,也象征着太阳的光辉普照天地。

靳之林《生命之树与中国民间民俗艺术》一书认为,这类图像是象征太阳的花朵,是太阳崇拜与植物崇拜的合一。②《山海经·海外东经》载:"汤谷上有扶桑,十日所浴,在黑齿北。居水中,有大木,九日居下枝,一日居上枝。"③《淮南子》又言:"若木在建木西,末有十日,其华照下地";"若木端有十日,状如莲华"。④ 扶桑、若木都是开着太阳之花的太阳神树,原始思维中植物是人类生命意识的外化物,反映了生命永生的思想。汉代墓葬中的日月方花纹,或呈现为花型,或在日月圆轮外以草叶、花瓣形状以象征其放射的光芒,陕西米脂县官庄 M4 前后室顶部的日月纹,甚至打破了方花纹原有的对称和规整的特点,在日月周围环绕了一圈芝草。故而日月方花纹反映着万物有灵的原始思想,也是太阳崇拜和植物崇拜结合的体现。

（二）莲花纹

莲花纹是方花纹中常见的一种形式,常作为汉代墓室顶部的装饰花纹。与一般方花纹的区别在于:① 莲花纹的花心部分常为缀满莲子的莲蓬造型,汉代墓葬中通常会以浮雕或浅浮雕的方式突出这一特点;② 莲瓣多为桃状,圆润饱满,有时瓣尾衔接莲蓬的部分会表现得较为细长,花尖处也常刻画呈翻卷状,以此增加整朵花的饱满和立体感;③ 常用于藻井装饰,且有相对固定的组合形式,如莲与鱼、莲与日月、莲与"方形纹"等(图 8—图 10)。

1. 莲与鱼

安徽宿县褚兰墓一号墓、山东嘉祥宋山小祠堂、山东肥城北大留村等地均出土了鱼莲画像,鱼纹或位于莲花两侧,或四条或八条环绕在莲花周围(图 9)。莲与鱼都是中国传统的吉祥图案。莲,一蓬多子,"莲"与"连"同音,取"连生贵子"的吉意,符合人们多子多福的生殖期待。鱼也同样具有多

① 蔡英杰:《太阳循环与八角星纹和卐字符号》,《民族艺术研究》,2005 年第 5 期,第 14—18 页。
② 靳之林:《生命之树与中国民间民俗艺术》,广西师范大学出版社,2002 年,第 71 页。
③ 刘向,刘歆:《山海经》,北京联合出版公司,2017 年,第 261 页。
④ 刘安:《淮南子译注》,上海古籍出版社,2016 年,第 173 页

图 8　莲花纹

1—安徽宿县褚兰墓 M1 南后室后壁正中;2—徐州汉画像石馆藏;
3—山东嘉祥宋山小祠堂;4—山东肥城北大留村出土
图 9　汉代墓葬中的鱼莲图像

图 10 汉代双鱼纹铜洗

子的特点,山东章丘市东平陵故城出土的汉代双鱼纹铜洗,内底的双鱼铸纹中间有铭文"长宜子孙",是以鱼为崇拜的生殖信仰(图 10)。因此莲与鱼的结合,无疑是各自生殖力量的进一步扩大。谢琳《民间美术中"鱼"的性别象征——由"鱼穿莲"说起》认为,鱼、莲分别具有男性、女性的象征,民间美术中也有大量的鱼戏莲、鱼闹莲、鱼咬莲、鱼莲生子等造型,寓意着男女欢好、子孙繁衍。[①] 汉乐府诗《江南》通过描写鱼戏莲来表现青年男女间的暧昧:"江南可采莲,莲叶何田田。鱼戏莲叶间,鱼戏莲叶东,鱼戏莲叶西,鱼戏莲叶南,鱼戏莲叶北。"[②]因此汉代墓葬中的鱼莲图像是汉代人生殖崇拜的象征。

2. 莲与日月

莲与日月的组合图像,常被用于墓室顶部的装饰。日是阳之至尊,月是阴之至尊,日月之轮回,周而复始,永不间断,象征着生命的永恒,阴阳和谐、生生不息。日月图像也比莲花更早地进入了墓顶的装饰系统之中,而莲花却占据了日月的中心位置,居于日月之间。济南大观园出土的画像石墓顶盖石,八瓣莲花饰于中心,日月分置两端。安徽宿州出土的莲与日月图像,人首蛇身的伏羲女娲在画面两侧,长尾交缠,形成三个圆环,第一个圆环中有九尾狐、金乌,象征着太阳,第三个圆环刻有蟾、兔,象征月亮,中间的圆环位于整个画面的中间位置,内刻莲花,鱼游于莲瓣之间。褚兰汉墓 M1 前室藻井顶盖,虽未直接表现出日月图像,但日月神伏羲女娲也是分置两侧,环

① 谢琳:《民间美术中"鱼"的性别象征——由"鱼穿莲"说起》,《民族艺术》,2008 年第 4 期,第 119—121 页。

② 郭茂倩编撰:《乐府诗集》(上),上海古籍出版社,2016 年,第 359 页。

绕着中央的莲花（图 11）。故而李振认为莲花对"阴阳"是具有统摄权力的,①能够调和阴阳,为墓主人升仙营造出和谐的环境。

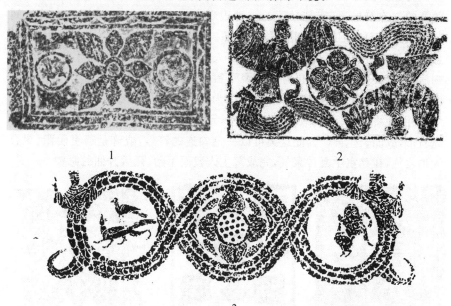

1—济南大观园出土的墓顶盖石;2—褚兰汉墓 M1 前室藻井顶盖;3—安徽宿州出土。

图 11　汉代墓葬中的莲与日月图像

3. 莲与"方形纹"

山东嘉祥宋山小祠堂顶部的莲花纹,八个莲瓣上均绘有类似网或绳结的符号,同样的符号在山东肥城北大留村出土的画像石、山东安丘凌河镇董家庄村北出土的后室西间封顶石的莲纹花瓣中均有发现(图 12)。这种方形纹由一条曲线贯画而成,中间方形,四角各一水滴形,总共形成五个部分,有时各部分还刻画有中心点。朱存明在《汉祠堂画像的象征主义研究》一文中对嘉祥宋山小祠堂顶部和安徽宿县褚兰汉墓前室室顶的莲纹图像进行分析,认为莲纹中间的原型是天盖的象征,四或八莲瓣是四方或八方的象征,八瓣上的"四方纹"象征着撑天的八柱。② 类似的图像在汉代画像砖和青铜

---

① 李振:《早期中国天象图研究》(上海大学博士论文),2015 年,200—206 页。

② 朱存明:《汉祠堂画像的象征主义研究》,《民族艺术》,2003 年第 2 期,第 55—66 页。

器物中也有发现，都可由一笔勾连而成，似云气，又若星辰天象（图13）。笔者认为这类图像或与道教符箓有关。符箓上也常绘有与之相似的看似潦草随意的勾连符号，可能是"气"的一种表现形式。道教认为符箓是由天地间的元气凝聚而成，是对宇宙万物的写照。《黄帝内经·素问》："夫人生于地，悬命于天，天地合气，命之曰人。"意为人由天地阴阳二气交而生，二气失调则病，二气丧离则死，合和阴阳以聚气和养气，生命才能得以延续。《上清洞真品》也言："人之生也，禀天地之元气，为神为形；受元一之气，为液为精。天气减耗，神将散也；地气减耗，形将病也；元气减耗，命将竭也……元神元气，不离身形，故能长生矣。"因此这类可以一笔勾连的符号，或许是通贯阴阳、聚合天地之气，在墓室中凝神聚气，完成墓主人殁而不殆、死后升仙的愿望。

| 1 | 2 | 3 |

1—山东嘉祥宋山小祠堂顶部；2—山东肥城北大留村出土；3—山东安丘凌河镇董家庄村北出土。

图12　汉代墓葬中的莲纹上的"方形纹"

| 1 | 3 | 4 |

1—西汉成都羊子出土；2—重庆开县出土；3—河南新郑出土；

4—山东济南洛庄西汉青铜錞于上的鸟纹。

图13　汉代与"方形纹"类似的符号

曾有学者认为中国的莲纹是一种外来纹饰。郭沫若就曾言,中国无大莲,先秦亦无以莲为饰者,故推测其传自印度。这一观点显然经不起推敲。随着考古研究的不断深入,我们发现中国传统艺术中的莲纹装饰由来已久,河姆渡文化遗址中就发现有莲花瓣纹饰的陶器。西周至战国时期,莲纹成为礼器器口的重要装饰,这一时期的莲纹各花瓣前段都扁长宽厚,大体上略偏方,末梢聚拢成尖,造型上莲瓣四张,呈盛开状。如陕西扶风出土的西周晚期"梁其壶"、侯马东周陶器墓出土的莲瓣盖陶壶、湖北京山县苏家坢出土的春秋早期曾中游父方壶、山东曲阜林前村出土的春秋中期"鲁大司徒铺"、河南新郑春秋晚期李家楼郑公大墓出土的"莲鹤方壶"、河南省汲县山彪镇一号墓出土的战国六瓣和八瓣华盖立鸟壶,等等,这些器物都见证着本土莲花纹饰悠久的历史,也奠定了汉代莲花方纹的造型基础。佛教自汉代传入中国,也对中国本土艺术产生了巨大的影响,但汉代墓葬中的莲花依旧维持着本土莲花四瓣或八瓣的特点,还未见到有佛莲影响的迹象。而自魏晋之后,墓葬中的莲纹一方面依旧延续汉代旧俗,与日、月、星辰组合作为墓室顶部的重要装饰图案,起着枢转阴阳、助人升仙的作用;另一方面在造型上受到了佛教艺术的影响,开始出现十余瓣之多的重瓣莲纹。因此,中国早期本土莲纹的产生和兴起,与佛教并无关系,汉代莲纹在整个本土莲纹的发展中也有着承上启下的过渡意义。

二、汉代墓葬中方花纹的应用

(一)棺饰

汉代石棺艺术盛行,大约出现在东汉早期或中期,主要集中在川渝地区,其样式风格一直延续至魏晋时期。方花纹常作为主题图案装饰在棺盖上。四川南溪、长宁、泸州、合江等地区的石棺棺盖上,大都刻有一硕大的方花纹,或单独出现,如四川南溪县长顺坡三号石棺,合江县廿二号石棺,四川泸县一号、七号、十二号石棺等,除了个别的边框横纹,棺盖顶部都被方花纹占据;泸县三号石棺棺盖甚至有并列着三朵相同的方花纹;四川泸州九号石棺棺盖方花的四个花瓣上还有四个阴线刻画的三角形尖角方花。或辅以鱼、鸟、蟾蜍等图像,如合江草山砖室墓一号石棺棺盖上为蟾蜍与方花的组合图像;合江县十号画像石棺的方花纹边上还刻有一只凤鸟;重庆璧山县一号石棺上方花位于中央,两边各饰有四鸟;泸州市十三号石棺中间刻有方花,四角上刻有鱼、鸟图像。在四周的棺身装饰中,画面常被分为上下两栏,方花纹常被置于上横栏中。泸州四号石棺右侧棺身"龙凤衔鼎图"的上层,就刻有三个不同造型的方花纹,造型更加复杂,每朵方花纹中四个花瓣均呈现出两种不同的花瓣样式,上瓣与下瓣、左瓣与右瓣,两两相同。

四川长宁县缪家林东汉崖墓群 M5 一号石棺中,棺盖中央上刻有卷云状柿蒂纹,以连壁纹为背景。前后挡板被分为上下两侧,第一层为方花纹,前挡板第二层是双阙图,两阙中间饰有星辰,暗示此应为"天门",后挡板第二层为托举日月的伏羲女娲图。左侧挡板画面分为三部分,第一层为连壁纹;第二层形似"胜",有左右二龙牵引,类似于变形的方花纹饰;第三层有嘉禾、鹿、鸟、人物等图像。右侧挡板上层为连壁纹,下层刻画着二人拉拽鼎的画面。整个棺饰中的连壁纹,圆壁中刻有中间圆与四边的弧形,形成一侯形方花。棺身前、后、左、右的画面均以一方花纹相连。棺盖上的方花分指四方,棺身上的方花覆盖四隅(图 14)。朱存明《四川石棺画像的象征模式》一文认为,画像石棺反映了"汉代人把石棺作为一个完整的宇宙世界的观念",所有整个棺饰是按宇宙的模式来安排图像。① 棺身四壁配置有关幽明两界的图像内容,棺盖往往是天象的象征。而作为棺盖主要纹饰的方花纹更是一个极为典型的宇宙的象征符号。方花呈"十"字状,将空间分为四个方位,花瓣呈箭头状指向四方,有无限延伸之意,象征着"宇之表无极,宙之端无穷"。罗二虎认为这类纹饰是一种"天国仙境的象征",是一种植物茎叶的变形,可能与通天地的建木之类的神树有关。② 在常州金坛地区出土了两幅南宋棺盖画,图像绘制于木棺内侧,位于死者头部的位置绘有一重瓣莲纹,左右两边分别绘有日月,周围星辰密布,显然也是天的象征。金坛当地又将棺盖称为"阴阳板",亦可见其掌控日月、枢转阴阳之力,这种棺饰图像也许正是汉代以方花为棺盖装饰的葬俗之遗风。③

方花纹还是铜制棺饰的主要造型之一,多用于两汉期间的漆棺葬具中。重庆巫山烟厂汉墓出土的"四灵柿蒂形铜棺饰",是造型以玉璧为花心、花瓣呈桃状的方花纹。用了鎏金银与錾刻相结合的制作工艺,花瓣上分别刻画了四灵图像,左青龙、右白虎、上朱雀和下玄武,并有相对应的榜题(图 15)。

---

① 朱存明:《四川石棺画像的象征模式》,《民族艺术》,2004 年第 4 期,第 57—62 页。

② 罗二虎:《汉代画像石棺》,巴蜀书社,2002 年,第 88 页。

③ 孟颖:《金坛南宋虞七二娘子墓棺盖画纹饰释读》,《艺术与民俗》,2022 年第 4 期。

图 14　四川长宁县缪家林东汉崖墓群 M5 一号石棺平面图

四灵的图像配置说明分指四方的花瓣是方位的象征，也更加肯定方花纹的宇宙象征性。江苏泰州新庄汉墓 M3、甘肃武威雷台汉墓、重庆巫山磷肥厂附近汉墓等，以及甘肃天水市博物馆、美国明尼阿波利斯美术馆等，均出土或藏有以四灵图像为花瓣上装饰的四方纹铜棺饰。许卫红《论汉葬具上的四叶蒂形金属装饰》一文认为汉代死者的魂是要安排龙、凤、虎、玄武一类的灵物作引导，完成升天的历程。因此这类方花形铜制棺饰是死者灵魂的引导牌，反映人们对天国的追求。① 苏奎《东汉四灵柿蒂形铜棺饰的类型与内涵》，通过重庆合川黄泥塝东汉晚期墓 M2 青羊镜上的铭文"左龙右虎辟不羊（祥），朱鸟玄武顺阴阳"，推断这类棺饰主要有着"辟不祥"和"顺阴阳"的作用，与墓主的归葬行为有关。②

---

① 许卫红：《论汉葬具上的四叶蒂形金属装饰》，《文博》，2003 年第 2 期，第 49—56 页。
② 苏奎：《东汉四灵柿蒂形铜棺饰的类型与内涵》，《中国美术研究》，2020 年第 4 期，第 42—51 页。

图 15 　四灵柿蒂形铜棺饰

（二）墓室顶部装饰

汉代方花纹常被装饰于墓室顶部的藻井装饰中，主要为上文所提及的日月方花纹和莲花纹两种样式。值得一提的是，汉代流行的抹角叠涩藻井，通常以四块三角形的石块拼出一个方形的天井，以依次压角的方式将四块三角形石块的组合套叠数层，最后在顶部覆盖一块方形石块。[①] 这也使得藻井图案本身就已经呈现出方花纹的造型。北京秦君神道石阙顶就是这种抹角叠涩藻井，内部雕刻一八瓣莲花纹（图 16）。金谷园新莽壁画墓后室藻井上的两幅日月图像，因为试图模仿抹角叠涩藻井的结构，所以有呈现出方花纹的趋势。第一层方花是藻井方形外轮廓与四边缠绕呈三角状的云纹装饰。第二层方花是围成藻井的四个三角形与日月图像所形成的日月方花纹，月轮周围的扁桃状花瓣也使之构成了月方花纹（图 17）。这种抹角叠色藻井与莲花、日月相得益彰，抹角所形成的三角形似乎是在模仿着天体的光辉。

---

　　① 　陈轩：《从技术、观念到纹样：东汉藻井图案的起源及演变》，《艺术设计研究》，2022 第 1 期，第 49—55 页。

图 16　北京秦君神道石阙顶莲花纹

图 17　日月藻井描摹图像　金谷园新莽壁画墓后室藻井

　　莲花藻井是汉代建筑中最为常见的藻井样式。东汉《鲁灵光殿赋》载：
"圆渊方井，反植荷蕖。发秀吐荣，菡萏披敷。"《尔雅》曰："荷，芙蕖，种之于
员渊方井之中，以为光辉。"张衡《西京赋》："蒂倒茄于藻井，披红葩之狎猎。"
这些文学作品分别描绘了鲁灵光殿和长安宫殿的莲花纹倒植于藻井的情
形。汉代的宫廷建筑虽难以复现，但却在墓室建筑中得以保留。山东沂南
汉墓就极具代表性，墓顶共有五处莲花装饰，分别位于前室、中室与后室的
几处藻井中心，除中室东侧为四瓣外，其余皆为八瓣。花瓣依附于藻井形状
而生长，所以莲纹整体上呈现为方形(图 18)。江苏昌梨水库东汉画像石墓
的前室并列的藻井中央分别雕刻神兽缠绕的莲花，后室并列的藻井则分别
雕刻怀抱日、月的伏羲与女娲。山东嘉祥武氏祠的前、中、后室也置有三处
莲花纹藻井。《宋书》中记载："殿屋之为圆渊方井兼植荷花者，以压火祥

也。"《风俗通义》曰："殿堂象东井形,刻作荷菱。荷菱,水物也,所以厌火。"
古代木结构建筑极易引起火灾,汉代人将水生的莲花视为辟火的象征,在事
死如事生的丧葬观念下,莲纹也同样被广泛地应用于墓葬建筑中。东晋时
期的甘肃酒泉丁家闸五号墓,藻井中央是十六瓣的莲纹,墓顶四壁龙首倒
悬、云气缭绕,西绘王母,东绘王公,北有神马飞驰,南有仙鹿、羽人,刻画着
墓主人神往的仙人世界。此时的莲纹造型虽然已经受到了佛教艺术的影
响,呈现出重瓣莲纹的造型,但其功能意义依旧传承于前世。

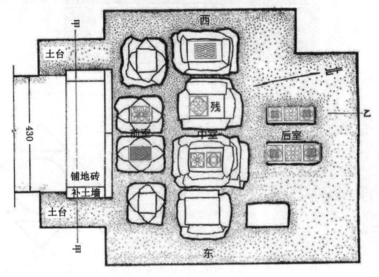

图 18　山东沂南汉墓藻井分布

河北满城西汉刘胜墓出土了一件吊顶铜莲花,花分四瓣,花蕊下倒悬一
长臂猿。张掖郭家沙滩东汉墓出土的铜莲花,花形写实,也悬挂于墓室顶
部。[1] 洛阳金谷园东汉壁画墓前堂为穹窿顶结构,其顶部正中悬挂一个倒
垂的圆球状实心花蕾,花蕾上用红、白、青线条绘出花瓣(图 19)。谢广维
《试析合浦东汉三国墓中的莲花形器》中分析了合浦东汉晚期至三国时期砖
室墓中的陶质莲花形器,并认为这类器物应为构筑于墓顶的藻井模型。[2]

---

① 　张朋川:《宇宙图式中的天穹之花——柿蒂纹辨》,《装饰》,2002 年第 12 期,第 4—5 页。
② 　谢广维:《试析合浦东汉三国墓中的莲花形器》,《考古与文物》,2021 年,第 99—106 页。

图 19　吊顶莲花

（三）温明

江苏仪征新集螃蟹地七号汉墓出土的温明上，中间镶嵌一鎏金铜方花，该温明主体呈方形，顶部为覆斗状，外髹酱褐漆，以朱、灰、绿、黄色漆绘飞动的流云，云彩中有青龙、白虎、羽人、鹿、鸟兽等。内髹朱漆，以褐漆绘双龙穿壁图案（图20-1）。① 顶部的方花被流云包围，同样具备宇宙天象的象征意义。江苏邗江县姚庄 M102 汉墓也出土以方花纹为顶部装饰的温明，而且为彩绘（图20-2）。温明是汉代一种位于棺内、盖住死者头部的殓具，具有保护死者头部的作用，而方花能够作为温明顶部的主要纹饰，或许也具备驱恶辟邪的功能。山东青岛土山屯 M147 西汉墓出土了位于墓主人头部的木枕。木枕两端高出，各置一虎首，中间凹陷，以承头颈。枕身六面均刻有长方形凹槽，凹槽内嵌阴纹柿蒂纹琉璃片。木枕两端分别放置一件兽首。② 陕北地区常流行与其造型相似的双头布虎枕，其意在借虎之阳而达到辟邪安睡的作用。

（四）铜镜

汉代铜镜常作为陪葬品出现在墓中，一方面是汉代"事死如事生"的观念

---

① 孙庆飞，刘勤，董亚祥，等：《仪征新集螃蟹地七号汉墓发掘简报》，《东南文化》，2009 年第 4 期，第 44—50 页。

② 彭峪，綦高华，于超，等：《山东青岛土山屯墓群四号封土与墓葬的发掘》，《考古学报》，2019 年第 3 期，第 423 页。

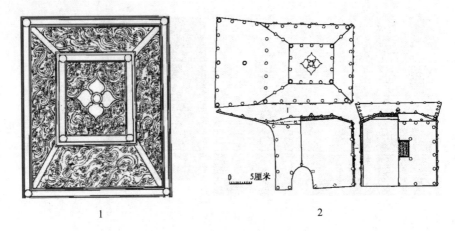

1—江苏仪征新集螃蟹地七号汉墓出土;2—江苏邗江县姚庄 M102 汉墓出土。

图 20　汉代温明上的柿蒂纹

下,墓主人生前用具死后依旧需要使用,另一方面汉代认为铜镜具有驱暗镇墓、鉴妖辟邪的功能。《汉书》中还记载了棺内"悬镜"的丧葬习俗。《汉书·霍光传》载:"光薨,……东园温明,服虔曰:'东园处此器,形如方漆桶,开一面,漆画之,以镜置其中,以悬尸上,大敛并盖之。'"

方花纹在战国至汉代的铜镜上最为常见,铜镜的镜钮和钮区都常装饰有方花纹,以四瓣的桃状花瓣居多。东汉部分方花纹的装饰甚至脱离了钮区,逐渐成为了铜镜的主体纹饰,将镜区分隔为四等分,出现多种变形样式,间饰云、鸟、龙、凤等图案。长沙蓉园 158 号墓出土的东汉变形四叶龙纹镜,镜钮呈半球形,以镜钮为花心,花瓣呈长箭放射状将画面分为四个区域,各区域饰以一龙纹(图 21)。"象天法地"是铜镜的基本寓意,长沙月亮山东汉 28 号墓和四川资阳出土的龙虎纹铜镜,主区皆饰有"青盖作镜四夷服"字样的铭文,说明整个圆镜是天或天盖的象征,所以居于中间位置的方花纹,其地位可见一斑。长沙伍家岭出土的鎏金"中国大宁"铜镜,镜上铭文载:"圣人之作镜兮,取气于五行。生于道康兮,辟去不祥。中国大宁兮,子孙益昌。黄裳元吉有纪纲。"中间的方形钮区象征着四方大地,四角则象征着四隅,方花纹镜钮的四个桃状花瓣分别指向钮区的四角,体现着方花纹笼盖四方、八极的方向作用(图 22)。

图21　东汉变形四叶龙纹镜① 　　　图22　西汉"中国大宁"铜镜②

三、汉代墓葬中方花纹的寓意探析

无论是墓室藻井、棺椁装饰还是温明、铜镜,都是汉代人升仙思想的反映。在事死如事生的观念下,汉代墓葬结构往往仿照墓主人生前的世界而构建,墓室的顶部空间既是宅顶也是汉代人崇敬的天。罗二虎《汉代画像石棺》中提到:"在画像砖室墓和画像石室墓中完全不见画像石棺,而画像崖墓中也很少发现画像石棺。可见由于二者所起的总体作用是相同的,因为在墓葬中如果有了画像一般就不再需要在棺上装饰画像了。"③故而石棺与墓室装饰功能和意义是一致的。使用时也是将镜面正对于人的铜镜、覆盖于墓主人头部的温明,在空间的理解和图像的配置上与墓室顶部和棺椁都是一样的,都是将墓主人置于整个时空的中心。因此,其上方花纹的功能和寓意大体上也是一致的。

（一）宇宙观的符号性表现

方花纹是汉代人宇宙观的符号性表现,通过四瓣或八瓣分指四方或八方。早在商周时期,人们就已经具备了四方和八方的概念,商代甲骨文中出现了东北、东西、西北、西南。周代文献中使用了"四方"一词,如"商邑翼翼,四

① 周世荣:《中华历代铜镜鉴定》,紫禁城出版社,1993年,图一四五。
② 张文君:《河南博物院八十周年特展》,河南博物院,2007年,第96页。
③ 罗二虎:《汉代画像石棺》,巴蜀书社,2002年,第246页。

方之极""四方来贺""四方既平"等,"四方"被视为世界的荒原之壤,包括土地上的人与物,又可引申为整个世界。[①] 如果将"方"作为方形理解,"四方"则是位于东、南、西、北,与中央形成了"亞"形结构(图 23)。艾兰在《商人的宇宙观》中验证了这一猜想,"巫"在甲骨文中写作"✛",在卜辞中与"方"同义。

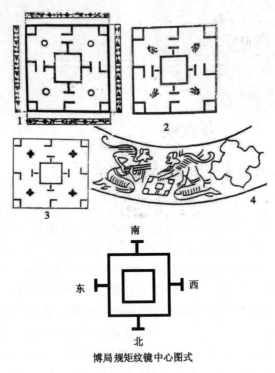

博局规矩纹镜中心图式

1—湖北云梦大坟头 1 号墓出土西汉木博局;2—长沙马王堆 3 号墓出土木博局;
3—汉镜六博图文;4—山东临沂汉墓出土。
图 23 博局

这种"亞"字形的方位观奠定了中国古代方位思想,在建筑、器具中都有所体现,也是汉代墓葬中方花纹的雏形。汉代博局和规矩纹镜中就有"✛"的造型(图 23),六博是一种模拟乃至"参与"宇宙运行的游戏,与法天象地、象四时、顺仁义的卜筮密切相关。《吕氏春秋·十二纪·序意》:"爰有大圜

---

① 艾兰:《龟之谜:商代神话、祭祀、艺术和宇宙观研究》,商务印书馆,2010 年,第 97 页。

在上，大矩在下，汝能法之，为民父母。"能够认识宇宙，把握并效法规矩方圆之道，便能法天则地，识治乱存亡之机，知寿夭吉凶之兆。因此墓葬中的方花纹寓天地变化于其中，墓主人置身其中，"与宇宙同体，顺乎天时，合于地则，便能够融入宇宙及其运动，调燮阴阳，超越生死，臻至永恒"①。

四瓣方花纹在造型上也是由中间的花心和指向四方的花瓣构成（图24）。除了上文提到的四灵铜制棺饰时常在四瓣上刻画青龙、白虎、朱雀、玄武等方位标志神灵外，汉代的四灵画像砖也极具典型。方花居于中间的方形内，是中央的象征。从方形四角延伸出的斜线将画像砖分割出上下左右四部分，又分别刻画有四神图像来象征四个方向（图25）。八瓣方花纹是对八方的隐喻，《归藏·启筮》曰："空桑之苍苍，八极之既张，乃有夫羲和，是主日月，职出入，以为晦明。"空桑为古代帝之所居，"蚩尤伐空桑，帝所居也"。因此"空桑"可能是早期社会人们所认知的世界"中央"，空桑的八方是广阔无垠的空间。位于空桑的羲和，能够主宰日月，使日月能够有序出入，天下有白昼之分。这与汉代墓室顶部时常出现的莲花方纹与日月的组合图像相呼应，方花的花心代表着世界的中心，通过指向四方或八级的花瓣来隐喻浩瀚无边的世界，日月在世界上空运转，昼夜交替，四季分明，也解释了为何方花纹能够取代日月的中心位置。

图24　四瓣方花纹

图25　汉代四灵画像砖

（二）引导升仙的通天之柱

汉代人如何看待自己身处的世界？《淮南子·精神训》中有汉代人将人身比附天地的记载："故头之圆也象天，足之方也象地。天有四时五行，九

---

① 萧兵：《宇宙的划分与中国神秘构型》，陕西师范大学出版社，2019年，第234页。

解,三百六十日。人亦有四肢五脏九窍三百六十节。天有风雨寒暑,人亦有取与喜怒。故胆为云,肺为气,肝为风,肾为雨,脾为雷,以与天地相参也,而心为之主。"《淮南子·本经训》又言:"天地宇宙,一人之身也;六合之内,一人之制也。"说明人相对于浩瀚的宇宙,是一个微观的天地。人的构造与天地相参,天的作用也必须通过人来实现,这样原本是以天为中心的天人关系转移到了以人为中心的天人观上来。汉代人在墓葬布局中通过模仿宇宙从而达到与天相应的目的。[①] 墓葬中人与天之间沟通的媒介正是方花纹,是墓主人转化升天的通天之柱。

方花纹作为宇宙的象征符号,在墓葬中不仅仅是四方、八极等横向的空间表达,还隐喻着天地的纵向空间。安徽含山凌家滩文化遗址出土的八角星纹玉版,为八瓣三角的方花纹饰,玉龟分为背甲和腹甲两部分,是天与地的象征。出土时玉版夹在玉龟的背甲与腹甲之间,因此置于其中的八瓣的三角方花状纹饰应为连结天地的媒介。汉代人认为天地的中心有一支撑天地的天柱——昆仑山,"升天之人,宜从昆仑上",西王母所居的昆仑仙境是汉代人梦寐以求的不死成仙之所。《龙鱼河图》载:"昆仑山,天中柱也。"《河图括地象》载:"昆仑山为天柱,气上通天。昆仑者,地之中也。"又云:"昆仑有铜柱焉,其高入天,所谓天柱也。"重庆巫山出土的方花纹铜制棺饰,花瓣为象征四方的四神图像,而处于中间花心的玉璧图像则象征着宇宙的中心,玉璧处刻画的山峰当为昆仑天柱(图26)。

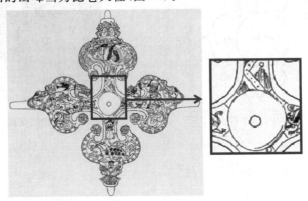

图26　重庆巫山出土的方花纹铜制棺饰摹本

---

① 李虹:《死与重生:汉代墓葬信仰研究》,(山东大学博士论文),2011年,第86页。

　　汉代墓葬中的方花纹往往居于墓室建筑顶部、棺盖、温明、铜镜等中央部位，而在特定的语境之下，墓主人则位于整个墓室甚至是以人身个体为中心的宇宙观的中央，与方花纹相呼应，使墓主人、方花纹之间形成了相互对应、相互沟通的一种看不见的"气"柱。这种"气"柱的呈现方式很可能与古代建筑中的"中霤"相关。中霤原有明堂的太室之意，后又指中庭、天井、大室顶部的设施，在民俗神话学上，中霤是最重要的"通天道"，即古之天窗。徐中舒认为早期穴居的建筑遗迹中，屋顶中央开孔，便是"中霤"，用来采光和通气，其下就是火塘或"原始灶"，神灵或其意旨也往往以此为"通道"，所以是不可侵犯之所。《礼记》中就有浴尸于中霤的记载，"祀中霤之礼，设主于牖下"，牖相当于中霤位置的天窗，设神主于天窗之下，犹如陈尸于中霤之坎，向着上方，指向天空。解释了中霤在丧葬祭祀中的作用，中霤的存在是为了让死者魂气由中央孔道飞出而升天。四川泸州二号石棺棺盖刻有三个并排的桃状花瓣方花纹，中间的方花纹略大，花心内还藏有一八瓣方花纹，是整个棺盖的主体纹饰，是中柱的象征。后挡板为手执日月的伏羲、女娲图像。前挡板为象征天门的双阙图像，两阙中间还有一个尖角的四瓣方花纹，具有引导灵魂升仙的作用（图27）。这类画像棺中，棺盖都是天的象征，棺盖上的方花纹代表着通天之柱，覆盖着墓主人的肉身，在整个棺内空间中架构起人与天沟通的通道。前后挡板则象征着墓主人升仙的途径，承日月之光，在阴阳和谐的环境中进入天门。棺两侧的图像常为鱼、鸟、嘉禾等祥瑞图像，以及杂技、巫术、炼丹、出行等活动场景，推测可能是墓主人升仙前的准备工作。

图27　四川泸州二号石棺线描图

汉代墓葬中的方花纹,以日月或草木为原型,承袭了古代初民的四方、八极的宇宙观念,通过方花纹在有限的空间中表现出苍茫的宇宙空间,一方面通过这样的宇宙象征性符号,使墓主人成为宇宙的中心;另一方面也是架构起墓主人与天的联系,使墓主人得以飞升至理想中的仙界,既是古代天人合一思想的反映,也蕴含着汉代人普遍追求的升仙思想。方花之美,在其简洁规整而又能寓变化于其中,在其方寸之间而又能隐喻宇宙之无穷,是汉代人"天柱"思想的凝练。

孟颖 江苏师范大学美术学院 2020 级硕士研究生。

汉画像石的数字化保护现状及对策研究①

刘超玮　朱海燕　赵迪斐

摘　要：汉画像石艺术是汉文化的优秀代表，具有巨大的文化研究价值和推广价值。科学合理地应用现代数字技术手段，对汉画像石艺术的保护、开发与利用十分重要。文章在分析汉画像石保护现状及存在问题的基础上，从统筹建设汉画像石数据库、采用多样化数字手段、提升科普教育程度、建设汉画像石文创 IP 等四个方面展开了汉画像石文化传承及活态利用的对策分析。

关键词：汉画像石；数字化保护；对策分析

一、引言

汉代有着丰富独特的历史文化，汉画像石艺术是汉文化的优秀代表。汉画像石是汉代工匠根据当时社会的流行题材和雇主要求在石头上进行雕刻创作的丧葬礼制性建筑构件，其题材内容大致可以分为生产生活、祥禽瑞兽、人物故事、政治军事、神仙道化、建筑装饰等几部分，被历史学家翦伯赞称为"一部绣像的汉代史"。汉画像石作为一种祭祀性丧葬艺术，不仅多是汉代地下墓室、墓阙、墓地祠堂和庙阙等丧葬礼制性建筑上雕刻画像的建筑

---

①　本文系中国矿业大学国家级大学生创新创业训练计划项目"凝固汉史 活态非遗——汉画像石数字化传承先行者"(项目编号：202210290429E)的阶段性成果。

构石,具有建筑学、考古学等的研究价值,而且反映了汉代生活的方方面面,为探究汉代社会风俗、宗教信仰、政治经济、思想文化等诸多方面提供了重要而又丰富的实物资料,具有较高的学术研究价值和文化价值,是进行汉代文化研究的重要组成部分。

近年来,各级政府都加强了对汉画像石资源的保护和监管力度,但是由于汉画像石的材质、分布、用途等具有自己的独特特点,有关汉画像石数字化保护与活态利用的研究在国内外尚少,实施过程中也存在诸多难题。随着多媒体技术、人工智能技术、计算机技术等的发展,对汉画像石进行数字化保存及活态传承成为行业发展的必然趋势。建成并使用汉画像石数据库,将大大增强汉画像石保护的效率,将汉画像石艺术以数字化的形式进行存档保存,使其焕发生命力,大幅度提升学者的研究效率,同时基于此开展汉画像石艺术文化科普及活态传承体系建设,促进汉画像石艺术在全国乃至世界的推广,实现真正的汉画像石文化遗产保护及活态传承。

二、汉画像石保护历史发展状况

汉代画像石的分布相当广泛,据不完全统计,北京、天津、河南、湖北、山东、江苏、安徽、陕西、山西、四川、贵州、云南、甘肃、浙江等 14 个省市、数十个县市都出土了汉代画像石。迄今为止,已发现和发掘汉画像石墓超过 200 座,汉画像石总数已超过 10 000 块,汉代画像石的研究成果丰硕。[①]

关于汉画像石的最早记载可见于东晋戴延之在《西征记》中描绘的汉代祠堂画像。对汉朝墓室中画像的著录开始于北宋,其中作家沈括的《梦溪笔谈》、书画家米芾的《画史·唐画》等著作中均有关于汉画像石石刻画像的描述。宋徽宗时期,提倡诗、书、画、印相结合,民间广泛收集历代古玩和书法绘画,加上金石学兴起,促使众多金石学家有目的地收集著录汉画像石。例如赵明诚收集了大量的金石铭刻拓片资料,编著了《金石录》,其中著录了山东嘉祥武梁祠的榜题等珍贵资料,是编录山东嘉祥武梁祠汉画像石的最早资料,但是其论述较为简略,仅是简单提及,并没有关于汉画像石题材内容、思想内涵等方面的详细描述。

南宋乾道年间,金石学家洪适撰写了一系列关于汉隶研究的文章,其著作《隶释》《隶续》收录了部分汉画像石榜题并对汉画像石的题材内容、图像

---

① 刘太祥:《汉代画像石研究综述》,《南都学坛》,2002 年第 3 期。

元素等进行了简单的考证论述,其中《隶续》收录了众多祠堂、石碑、墓阙等建筑构石上的画像,首次摹录了汉代画像,开启了汉画像研究中收录编辑图像的先河,具有重要的史料价值,对于后世开展汉画像石相关研究提供了重要史料。

清代黄易在山东嘉祥重新发现了武梁祠汉画像石,募集资金就地建设房屋用于存放汉画像石,将汉画像石镶嵌在墙壁上进行保存,并安排专人看守,开创了中国汉画像石馆藏的先河。此后,此方法长期沿用,直到 20 世纪中期的徐州、南阳等地仍将汉画像石嵌入墙壁进行保存展览。目前,汉画像石的保存方式多为展厅陈列或库房保存,部分汉画像石处于半露天或露天陈列状态。汉画像石多为石灰岩、砂岩材质,孔隙率相对于常用作堆砌镶嵌墙壁的红砖等较大,易使地面的潮湿水分通过毛细作用进入画像石,从而出现了变色、剥蚀、粉化、层状及鳞片状脱落等现象,对汉画像石造成不可逆的损伤,为汉画像石研究及科普推广带来了诸多不便。

据不完全统计,自清代至今发表汉代画像石研究方面的发掘报告、论述、考释文章近 1 000 篇,出版画像图录 50 多册,出版研究画像石的专著 50 多部。[①]

目前,国内外进行汉画像石文化艺术相关研究的著名学者如巫鸿、张道一、信立祥等人,其研究方向主要集中在汉画像石内容题材、思想内涵、雕刻技法、艺术成就等方面,较少关注汉画像石数字化保护及活态传承;汉画像石文化资源数据库建设尚未完成,资源整合力度不足,一定程度上阻碍了汉画像石艺术文化同现代生活的深入结合;各汉画像石博物馆及艺术馆在布展、文创、宣传推广等方面存在诸多不足,汉画像石艺术文化活态传承及推广进程缓慢,公众普及度及知名度较低,无法满足汉画像石在新时代保护及传承的需要。研究汉画像石数字化保护与活态传承路径,搭建新时代汉画像石文化遗产保护及传承体系迫在眉睫。

三、汉画像石数字化保护面临的问题分析

（一）缺少系统完善、信息共享的数据库平台

目前,国内尚未建成信息完善的汉画像石图像数据库及文献数据库,在

---

① 刘太祥:《汉代画像石研究综述》,《南都学坛》,2002 年第 3 期。

建的汉画像石数据库存在检索模式单一、信息不全、信息更新不及时、信息实用性较差、推广力度不足等问题。以北京大学汉画研究所的中国汉代信息图像数据库为例，汉画数据库中共收录了4 500余幅汉画像石的原石、线描及原拓的数字化图像，但是其中部分图像存在缺失等问题，且仅标注了各个汉画的编号、所属墓葬、出土地点、朝代、收藏地等信息，并未对其中包含的元素进行简要介绍，为扩大受众面带来阻碍，存在一定的局限性，为使用者带来不便。

（二）缺少统筹规划、推动合作的专门部门

我国文献信息服务机构主要由高校图书馆系统、公共图书馆系统、科学院（所）图书馆系统组成，由于各服务系统隶属关系和管理体制的不同，形成了条块分割、各自为政的建设与服务局面。[①] 在进行数据库建设时缺少较高层面的统筹规划，各有关部门之间合作范围小，多在组织管理上进行协调合作，但是在进行具体数据库搭建过程中，无法系统开展信息共享、共同建设等工作，导致我国建成的数据库多存在信息不完善、内容多样性较差等问题。

要建成信息完善、综合性及专业性兼备的汉画像石学术资料数据库以及汉画像石图像数据库，需要南阳、徐州等汉画像石分布地区有关单位及各相关领域专业人士的信息支持及合作开发。如江苏师范大学开发的中国汉画像石数据库，在建设过程中需要高校、各汉画像石博物馆、各文化遗产保护单位等进行跨地区、跨场馆、跨系统的交流与合作，在合作过程中容易出现流程冗杂、知识产权不明晰、权责不清等问题，严重阻碍了数据库的建设及开放进度。

（三）数字化手段单一，未形成汉画像石数字化保护规范及技术标准

随着多媒体技术、3D打印技术、人工智能技术、云计算技术、传感器技术、人机交互技术等多种信息技术的发展，先进的数字化技术手段越来越多地同文化遗产的保护与传承深度结合[②]，例如敦煌莫高窟三维数字化保护与沉浸式场景重现、故宫古建筑三维数字化建模等，都是数字化技术在文化

---

① 范亚芳，郭太敏：《特色数据库建设若干问题研究》，《情报理论与实践》，2008年第4期。

② 黄永林：《数字化背景下非物质文化遗产的保护与利用》，《文化遗产》，2015年第1期。

遗产保护领域运用的优秀代表。但是汉画像石数字化保护进程较为缓慢，运用的数字化手段单一，未能充分发挥数字化手段与文化遗产结合迸发的创新价值，未能实现真正的数字化保护与活态传承。

近年来，国内的汉画像石博物馆围绕汉画像石的数字化保护进行了一定的尝试，例如南阳汉画像石馆以三维重建技术为核心，集成运用三维扫描、三维建模、深度摄像机 3D 面部动画捕捉和后期合成等技术手段，对南阳汉画像石乐舞这一历史文化活动进行重建与展示。① 但是由于没有形成汉画像石数字化保护规范及技术标准，未能建设专门部门统筹规划汉画像石的数字化保护项目，同时缺乏长期、稳定的资金、技术等的保障，导致数字化技术应用实践并没能在各汉画像石场馆实现全国性的推广，未能形成汉画像石数字化技术应用体系，汉画像石数字化保存及数字化文旅资源开发进程缓慢。

对汉画像石进行数字化保护的核心是建设汉画像石数据库，但是不论是对汉画像石的扫描清晰度、音视频的像素、分辨率、尺寸等参数的选择，数字化处理后文件的存储格式、加密方式等的选择，还是数据库硬件设备选择及后期运营方式等，都需要进行统一规范。② 如果不能确立科学、统一的汉画像石数字化保护技术标准，就会导致数据库建库效率低下、运营维护成本过高、资源使用效率过低、使用不便等问题。因此，要想高效、科学地建设汉画像石数据库并更好地发挥其价值，就需要围绕汉画像石的数字化保护与数据库建设与维护，确立统一、科学的行业规范和技术标准。

（四）公众参与度低

汉画像石艺术文化传播的新媒体宣传途径、平台、网站等建设进度缓慢，部分已建成的宣传平台未能正常运作，宣传方式单一，未形成汉画像石文化推广体系。以江苏省徐州市为例，虽然徐州是国务院批复确定的国家历史文化名城，旅游业发达，且汉画像石是"徐州三绝"之一，是徐州市旅游产业的重要组成部分，但是由于展览手段落后及汉画像石艺术的对外宣传窗口较少，宣传与策划力度不足导致了外部信息闭塞。比如徐州汉画像石

---

① 汪新叶：《南阳汉画像石乐舞图像三维重建与展示》，《大众文艺》，2018 年第 9 期。

② 高建辉、李全华、余正祥，等：《彝文古籍保存现状及其数字化保护中面临的难题研究》，《图书馆研究》，2016 年第 46 卷第 1 期。

艺术馆,其南馆建设在云龙山山峦地区,格局狭窄,展厅设计局促,陈列主题模糊,体验感平庸,缺少新时代博物馆的特征,在展示手法上虽然利用了一些灯光、多媒体技术等手段,但是其展览的形式过于单一,缺乏精细化布局设计。同时,其宣传手段过于单一,在宣传网站等的制作方面,出现了内容单一、美观度低、后期维护力度不足、信息更新缓慢、信息量过少等问题,导致其宣传力度不足,国内外知名度过低,无法充分展现汉画像石的魅力,无法激发民众的观赏兴趣,除了相关的专业人士、徐州市本地民众前往参观以外,其余地区民众对此知之甚少,阻碍了汉画像石艺术的宣传与进一步保护。①

此外,要想实现真正的文化保护与传承,不仅仅要加强旅游业宣传,同时更应开展科学普及教育,突破国人对丧葬性艺术的偏见壁垒,提升公众对汉画像石艺术及两汉文化的理解程度,提升汉画像石艺术保护与传承的公众参与度。

四、汉画像石数字化保护对策

(一)数据整合与资源共享,建设汉画像石数据库

文化遗产数字化保护是一种新的文化遗产保护方法和途径,主要采用数字摄影、三维信息获取、虚拟现实、多媒体与网络等信息技术把与文化遗产相关的文字、图像、声音、视频及三维数据信息数字化,可以永久性地保存并使公众最大限度地、公平地享有文化遗产。②进行汉画像石数据库搭建,需要立足于汉画像石保护的实际情况,在深入调研、充分实验的基础上,选用科学合理的方式对汉画像石文化遗产进行数字化重构,将数字化记录、储存、修复、反演技术、文献电子信息化处理技术与汉画像石保护深度结合,多方合作,整合汉画像石图像资料及相关学术成果资料,并派专人定期进行信息更新及平台维护,保障汉画像石数据库可持续化运营。

对汉画像石进行数字化保护,不仅是要最大限度地保存汉画像石原貌、整合相关学术成果,更是为了方便用户查找相关资料,为进行汉画像石相关

---

① 贾涛:《江苏徐州汉画像石数字博物馆的建设与构思》,《文化产业》,2021年第17期。

② 师国伟,王涌天,刘越,等:《增强现实技术在文化遗产数字化保护中的应用》,《系统仿真学报》,2009年第21卷第7期。

学术研究及推广提供数据库平台。同时,结合汉画像石图像数字化资料库,可以进行汉画像石图像云精修、云处理等工作,在保护汉画像石原石的基础上深度还原汉画像石原貌,让汉画像重现光彩。

针对汉画像石数据库存在的检索方式单一、用户界面设计不合理、专业性过强、内容实用性及丰富性不强等突出问题,要求有关部门在建设完善的汉画像石数据库时,不仅需要整合汉画像石图像资源及相关学术成果资料,更重要的是实现二者的深入结合,将汉画像石图像同相关研究成果精细化对应,实现图像与学术资料同步检索,探索题材内容、元素形象、出土地区等多种分类检索形式,增强数据库的多样性和实用性,提升使用效率。同时,应当探索汉画像石数据库科普推广模式,建设公众版数据库,在展示汉画像石图像及相关学术资料的同时,增加科普介绍模块,并简要描绘每个汉画像石的题材内容、图像元素、思想内涵等相关元素,在方便专业学者开展学术研究的同时,面向公众进行信息推广及文化宣传,打破信息壁垒,达到信息共享的目的,推动形成全民参与、全民学习、全民传承的文化氛围,推动文化强国建设。

针对目前存在的各文化遗产保护单位之间的信息壁垒、知识产权不明晰、合作不当以及汉画像石数据库建设缺乏技术标准等问题,建议有关部门加强管理与协调,确立统一、科学的行业规范与技术标准,积极争取数字图书馆在建设上的资源合法使用授予权,如复制权、发行权、演绎权、传播权[①],推动形成汉画像石文化遗产保护合力,促进资源整合与信息共享,提升文化遗产保护效率,探索科学合理的汉画像石数字化保护与活态传承路径。

(二)采用多样化数字手段,建设汉画像石线上博物馆

随着互联网、大数据时代以及信息技术高速发展,"互联网+"文化推广模式成为时代发展的趋势,数字展览成了博物馆发展建设的重要方向,国内部分文博单位开展了虚拟博物馆建设,举办了云展览、网上直播等活动,如敦煌博物馆推出的"云游敦煌"小程序受到了公众的积极参与。从2020年1月末到现在月,国家文物局的"博物馆网上展览平台"浏览量增长的速度

---

① 范亚芳,郭太敏:《特色数据库建设若干问题研究》,《情报理论与实践》,2008年第4期。

惊人,每天的平均浏览量超过 5 万人次。[①] 但是由于线上展览平面化、宣传力度不足、场馆间合作不畅、资金及技术供应不足、缺乏统筹规划等问题,线上展览发展存在着较大的场馆差异,汉画像石相关场馆线上博物馆建设发展缓慢。

基于汉画像石材质的特点,不易进行流动性较强的对外展览或交流,目前大多数汉画像石博物馆仍采取单一线下展览的形式,相关展览场所集中分布于汉画像石出土地附近,观赏灵活性差,难以满足公众的"互联网＋文博游览"需求。无法提供多样化、个性化的游览体验使汉画像石艺术难以在大众中传播。因此,结合汉画像石艺术文化内核及特色,通过立体影像技术、虚拟现实技术、三维数字化建模技术等科学技术手段,建设汉画像石数字博物馆成为当下进行汉画像石文化保护及传播的重要任务。

汉画像石中历史人物故事、神仙瑞兽故事、生产生活场景等题材较多,可以结合音频讲解、场景搭建、沉浸式体验等形式,提升线上博物馆的体验感,让用户足不出户就能感受到汉画像石的独特魅力,达到推广汉画像石文化的目的。接下来可以由专门部门进行统筹规划,通过加强行业间合作、场馆间交流学习、经验借鉴、技术共享等形式,推动形成"互联网＋文博产业"发展矩阵,推动数字化技术在文化遗产保护及传播领域的应用及发展。

（三）提升汉画像石文化的科普教育程度

博物馆是文化遗产保护及优秀传统文化的重要宣传机构,通过举办具有地方特色的陈列和展览,为观众提供了丰富的精神食粮,这也是博物馆为观众服务的主要形式。[②] 目前,博物馆已经成为开展科普教育及文化普及的重要基地,在我国于 2015 年 3 月 20 日起实施的《博物馆条例》中,将其定义为:"以教育、研究和欣赏为目的,收藏、保护并向公众展示人类活动和自然环境的见证物,经登记管理机关依法登记的非营利组织。"同时,随着信息技术等的发展,科普教育的形式也不再拘泥于线下参观及讲解,许多文博单位基于博物馆开展的数字化建设成果以及相关数据库,结合线上多媒体平台,使用线上短视频、云直播、研学游等方式,面向更加多元化的受众开展更

① 蔡宜君:《新形势下博物馆"线上展览"模式的传播与构建》,《文物鉴定与鉴赏》,2021 年第 5 期。

② 陈玲,凌振荣:《博物馆在文化遗产保护中的作用》,《中国文物科学研究》,2009 年第 4 期。

加多样化的科普推广活动,文化推广成效显著,掀起了"博物馆热"。

进行汉画像石数字化保护与活态传承,需要加强汉画像石文化宣传,推动形成全民传承优秀传统文化、保护文化遗产的氛围。加强汉文化及汉画像石艺术文化专题科普教育,建设汉画像石艺术文化宣传体系对于调动公众参与文保及传承工作的积极性意义重大。因此,可以基于优秀的汉画像石艺术文化及汉文化,充分吸收其思想文化内核并赋予其时代内涵,借鉴故宫博物院、陕西历史博物馆等推出的优秀科普视频制作及推广经验,在充分调研及积极实践的基础上,探索建设汉画像石科普教育体系,针对不同年龄段、知识层次及需求的受众,开发个性化的科普课程、研学游课程、艺术实践课程、沉浸式场景体验课程等,将理论学习与实践相结合,提升课程的趣味性和竞争力。同时,制作微课及科普短视频,利用新媒体平台进行宣传推广,吸引公众了解汉画像石,走进汉文化。

（四）建设汉画像石文创 IP

2016 年 5 月,文化部、国家发展改革委、财政部、国家文物局四部委联合发布了《关于推动文化文物单位文化创意产品开发的若干意见》,强调:"深入发掘文化文物单位馆藏文化资源,发展文化创意产业,开发文化创意产品,弘扬中华优秀文化,传承中华文明,推进经济社会协调发展,提升国家软实力。"

当下经济稳步发展,人民生活水平显著提升,追求个性化消费及文化艺术消费的趋势显著。有数据显示,我国每年文化消费潜在规模为 4.7 万亿元,实际消费仅为 1 万亿元左右,万亿级的文化消费缺口为文化产业提供了巨大的想象空间,而文创产品是近年来全球文化消费中的高增长点。[①] 目前,国内文创产业迅速发展,基于博物馆、文化遗产等开发的文创产品受到了消费者的喜爱,掀起了"国潮风""复古热",例如故宫文创、西安博物馆文创等发展形势大好,为推动文化传播发挥了巨大作用。但随着文化产业的发展,形式单一的文化衍生品已经无法满足消费者需求,因此,结合现代生活及前沿科技,挖掘文化遗产的文化价值并进行个性化创造对于提升传统文化在青年群体中的影响力、培育文化传承的生力军至关重要。

汉画像石文创 IP,是指基于汉画像石艺术内涵及其反映的汉代历史文

---

① 郝凝辉:《文创产品设计理论研究和实践探讨》,《工业设计》,2016 年第 9 期。

化,结合现代人的生产生活进行相关的产品创造,赋予其新的时代内涵。要想打造围绕汉画像石艺术文化的 IP 产业链,就要深度理解汉画像石主题内容及思想内核,以汉画像石中的形象元素为蓝本,结合优秀的汉文化,探索创造周边衍生品、动漫、古风游戏、VR 实景体验、研学旅游、主题旅游、舞台剧、文学创作等文创产品,满足不同年龄段及不同知识层次受众的个性化需求,打造汉画像石文创 IP,形成品牌效益,推动汉文化元素走进日常生活,吸引越来越多的人加入传承汉画像石艺术文化的队伍中,推动汉文化的传承与发展。

五、总结与展望

随着计算机技术的发展和社会进步,汉画像石数字化保护与活态利用成为文化传承与创新的必然趋势。基于汉画像石保护和传承现状,顺应时代发展的要求和人民日益增长的文化需求,我国的汉画像石艺术亟须进行数字化保护与活态传承。希望在未来能建成系统规范的管理体系,确立科学合理的行业技术规范并探索切实可行的活态传承路径,推动建成汉画像石数据库、汉画像石文化科普推广体系以及汉画像石 IP 文创,赋予其新的时代价值,实现真正的数字化保护与活态传承,让优秀的汉画像石文化在新时代发扬光大。

作者简介

刘超玮 中国矿业大学人文与艺术学院 2020 级学生。

朱海燕 中国矿业大学外国语言文化学院副教授。

赵迪斐 中国矿业大学人工智能研究院科技双创孵化中心主任,博士。

评《客居美国的民国史家与美国汉学》^①

孟庆波

摘　要：吴原元教授的《客居美国的民国史家与美国汉学》，从史学的角度补充了中美人文交流史研究中的华人赴美维度，强调了文献目录学对汉学研究的基础性地位，具有重大的学术价值。该著作规范引征了大量中外文献，具有扎实的史料基础；完成了史论结合的批判性研究，为国内的汉学研究提供了最新的范式样本；所述 25 位史家的访学历程，为继续研究民国时期的中美学术交流提供了线索。但该著作也存在一些薄弱之处，如对各位赴美史家未予以分类叙述、未能集中论述访学经历对各位史家治学当时及后续的影响等，著者也应适当突破民国史家的限定，从整体的华人海外留学史或者中外人文交流史反观民国史家留学美国这一事件的历史地位和价值。

关键词：民国史家；美国汉学；留学史

华东师范大学吴原元教授的新作《客居美国的民国史家与美国汉学》，于 2019 年 3 月在学苑出版社出版，荣列阎纯德教授主编的"汉学研究大系"鸿著之一。众所周知，美国汉学虽然发端于十九世纪三四十年代，但其真正

　　① 本文为江苏省教育科学十三五规划课题"美国汉语教材编纂史"（项目编号：2016-ZX0115-0044）的阶段成果。文中部分内容曾刊发于《汉学研究》2021 年秋冬卷。

的快速发展则要等到二十世纪五六十年代。① 在美国汉学逐渐加速的发展历程中,外部世界的智力支持起到了关键作用。而这些外来支持,主要就是来自欧洲以及中国的学者。欧洲汉学对于美国汉学的智力支持以叶理绥(Serge Elisséeff,1889—1975)、夏德(Friedrich Hirth,1845—1927)和劳佛(Berthold Laufer,1874—1934)为代表,这在 1998 年美国普林斯顿大学柯马丁(Martin Kern)教授的《德国汉学家在 1933—1945 年的迁徙》②一文中已有充分说明。而关于中国学者对美国汉学的援手,国内学界此前虽有对裘开明、杨联陞、邓嗣禹等人的个案研究,但未能对赴美的中国学者群体予以整体性、综合性的考察,尤其未能深入考察中国学人与美国汉学的关系。吴原元教授的这部作品以民国时期中国史家的留美史为研究对象,从史学的维度弥补了这一缺憾,在美国汉学史研究、中美人文交流史研究中具有重要价值。

《客居美国的民国史家与美国汉学》主体内容共分九章。第一章主要从民国时期中国学者赴美的主要途径、归国原因及客居美国的史家人数三个角度,简述了该著作的整体背景;第二章从求学经历及学术研究两个角度,介绍了客居美国之前中国史家的成长及学术经历;第三章是中国史家在赴美前对美国汉学的负面局限性及正面可取性评价;第四章介绍了中国史家与美国汉学留学生的结识、来华汉学留学生的学术研究以及中国史家对他们的帮助;第五章写出了中国史家赴美后与美国汉学家合作的概况及特点,并以邓嗣禹为例进行了详细说明;第六章从图书整理和书目编纂两个角度论述了中国史家对美国汉学基础建设的贡献;第七章共分四节,分别以杨联陞、钱存训、刘子健和刘广京为例介绍了中国史家在美国的学术研究;第八章以杨联陞和邓嗣禹为例,介绍了中国史家在贴近观察美国汉学后对其做

---

① 吴原元:《略论 20 世纪 40 年代中国赴美学者对美国汉学的影响》,《华南农业大学学报》,2010 年第 1 期,第 105—113 页。美国汉学肇始于 1830 年裨治文(Elijah C.Bridgman,1801—1861)抵华后开创的侨居地汉学,其本土汉学则发源于 1842 年创立的美国东方学会。总体而言,美国汉学与欧洲特别是法国汉学相比,其落后性显而易见(见陈君静:《大洋彼岸的回声》,中国社会科学出版社,2003 年,第 40 页);美国的本土汉学迟至二十世纪二十年代末才逐渐有所起色[见孟庆波:《来华美国人对美国东方学会早期汉学研究的贡献(1842—1930)》,《西部学刊》,2015 年第 3 期,第 39—46 页]。

② 原文 The Emigration of German Sinologists 1933—1945:Revisiting a Forgotten History 刊于《美国东方学会会刊》第 118 卷第 4 期,第 507—529 页;中译文《德国汉学家在 1933—1945 年的迁移》刊于《世界汉学》2005 年第 3 期,第 15—37 页。

出的评价;第九章则是美国学界对中国史家学术研究的评价。主体内容之后又附有"民国时期客居美国的中国史家在美简况表"及一份厚重的参考文献。从上述各章节的介绍,不难看出著者在行文中力图覆盖这批中国史家赴美前后及客居美国的方方面面,努力把该著作打造成研究民国时期中美史学及汉学交流的重要作品。

一、该著作的总体价值

吴原元教授曾师从朱政惠先生,深耕海外中国学经年,目前已出版专(译)著五部,发表论文五十余篇,是我国汉学研究领域的青年翘楚。《客居美国的民国史家与美国汉学》集中体现了著者对海外汉学的把握和研究海外汉学的理念,值得国内同仁揣摩赏析和借鉴学习。

(一)打造中美人文交流史研究的又一个里程碑

海外汉学是文化接触与文化交流的产物。离开异质文化间的接触与交流,海外汉学就成了无源之水、无本之木,即便有历史的学术传承,也必将走向枯萎。而在这种文化的接触与交流中,包括探险家、商人、外交官、传教士等人员尤其是双方学者的互访是一道重要桥梁。他们的旅行日记、通讯报告、往来书信、回忆录、著述文章均构成海外汉学的重要文献来源。承接晚清中美官方频繁的文化互动①以及留美幼童所开创的留学运动的余绪,民国时期的中美人文交流非常丰富和活跃。双方均开展了持续的、多学科的、多层次的学者互访或者互派留学生活动。

以汉学研究为视角,在对这段中美人文交流史的回顾与研究中,北京外国语大学顾钧教授的《美国第一批留学生在北京》②回溯了 1930 年代美国派向中国的一个维度。我们在其名单上见到了之后的多位美国汉学家,如后来担任美国国会图书馆东方部主任的恒慕义(Arthur W. Hummel,

---

① 1869 年 6 月,同治皇帝将明、清刻本共 10 部 933 册赠送给美国国会图书馆以换取美国的农作物种子。美国国会图书馆 1879 年获得曾任驻华公使的顾盛(Caleb Cushing,1800—1879)捐赠的汉学书籍,1901—1902 年又获得时任美洲共和国国际联盟总干事、后任美国驻华公使的柔克义(W.W.Rockhill,1854—1914)赠书 6000 册,1904 年再次收到清政府参展圣路易斯博览会的 198 种赠书。参见孟庆波:《美国东方学会图书馆的早期汉学藏书(1842—1905)》,《燕山大学学报》,2020 年第 3 期,第 75—87 页。

② 顾钧:《美国第一批留学生在北京》,大象出版社,2015 年。

1884—1975)、美国第一位女汉学家孙念礼（Nancy Lee Swann，1881—1966)，以及号称美国汉学"学术企业家"的费正清（John K. Fairbank，1907—1991)等。吴原元教授的这部作品以史家为切入点，集中关注了中国派向美国的另外一个维度，填补了这段历史研究的双向性与互动性。除去《客居美国的民国史家与美国汉学》所聚焦的历史学人以外，书中也涉及了蔡翘、金岳霖、张其昀、刘廼诚、萧作梁、费孝通等其他学科的代表性学人，留学人员的数字也令人震撼：在 1945—1947 年的三年时间内，有 850 人应美国之约出国访学或研究；另据华美协进社统计，1948 年在美的中国学生总计高达 2710 人。① 综上可见，顾钧教授和吴原元教授的两部著作互为关照，相映成趣，是研究汉学及留学史一体两面的重要作品，《客居美国的民国史家与美国汉学》因而成为中美人文交流史研究的另一个学术里程碑。

（二）彰显文献及目录学之于海外汉学研究的方法论

在不同文化的接触与交流中，除去以学者为代表的人员往来与互动之外，作为知识结晶的书目文献的交换与流通构成另外一道重要桥梁。具体到海外汉学这一领域的文献及目录学研究，一是要研究流散于各国图书馆及藏书室的中国汉籍，它见证了中外图书交流、文化交流的历史；二是要研究汉学家藉以从事研究的目录书单，以此掌握海外汉学界从事研究时的选材偏好及知识来源；三是要研究记录汉学文献在国外出版和收藏情况的汉学文献及目录学著作，它们在更广泛意义上记录了国外认识中国、评价中国的历程，以及这种认识和评价在材料、方法、话语上的演变，承载了中国知识在世界的流通。

《客居美国的民国史家与美国汉学》一书对邓嗣禹、袁同礼、钱存训三位中国学者在美研究经历进行了梳理，印证了国外学界有关海外汉学与文献密切关联的论断，②凸显了文献及目录学研究相对于海外汉学生存及发展的基础性作用。就前述的第一方面来讲，美国汉籍的入藏可以说主要归功于恒慕义、施永高（Walter T. Swingle，1871—1952)、劳佛等人的大力采购以及慈禧、李鸿章等人的多次馈赠，而美国汉籍的整理却主要依靠裘开明、

---

① 吴原元：《客居美国的民国史家与美国汉学》，学苑出版社，2019 年，第 1—2 页。
② 美国杨百翰大学韩大伟（Honey B.David）教授极为强调汉学与文献学的内在关联性，见其2001 年出版的著作 *Incense at the Altar : Pioneering Sinologists and the Development of Classical Chinese Philology*，第 342 页。

袁同礼、钱存训等民国史家。他们对汉籍的分类、整理、编目和索引为美国汉学家们从事研究提供了极大的便利,这在该著作第六章有充分说明。关于第二方面的目录书单,可以 1936 年邓嗣禹和毕乃德(Knight Biggerstaff,1906—2001)合编的《中国参考书目解题》为代表。该著作按照书目、类书、辞书等八大类别列举了近 300 种汉学研究的基础文献,被称为"向西方学者初步介绍中国研究领域的最为重要的参考书"。[①] 因为具备学术研究的基础性,这本书被列为《燕京学报》专号第十二号出版;后因影响巨大,又于1950 年和 1971 年出过两个修订版。[②] 至于第三方面的汉学文献和目录学著作,袁同礼的系列作品可谓典型。耗时五年,袁同礼在美国国会图书馆编写的《西文汉学书目》[③]收录了 1921—1957 年间英文、法文、德文汉学著作1.8 万种,成为考狄(Henri Cordier,1849—1925)《西人论中国书目》[④]之后,西方汉学目录学最重要的一座里程碑。如果再关注到袁同礼毕其后半生在美国躬耕于汉学目录学,[⑤]则不难理解他对目录学之于西方汉学及汉学研究基础性的远见卓识。由于基于田野调查的博物学及人类学汉学研究尚不多见以及影像汉学隐而不彰,[⑥]目前中国学界对西方汉学的研究在本质上仍属于文献研究,文献及目录学对于国内的汉学研究因而至关重要。明乎此,裘开明、袁同礼及钱存训等民国史家在美国的汉学文献及目录学工作就具备了独特的价值,《客居美国的民国史家与美国汉学》也因对上述学者的文献及目录学成就分析,成为从事汉学研究的另一个方向性指南。

二、该著作的三个突出优点

随着国内海外汉学研究加速趋热,相关研究著述可谓层出不穷,甚至让

---

① Su-Yu Teng, K. Biggerstaff: *An Annotated Bibliography of Selected Chinese Reference Works*, Cam., Mass.: Harvard University Press, 1950. pp. vii-v.

② 顾钧:《关于英文〈中国参考书目解题〉》,《中华读书报》,2013 年 4 月 3 日,第 18 版。

③ *China in Western Literature*. New Haven: Far Eastern Publications, Yale University, 1958.

④ *Bibliotheca Sinica. Dictionnaire bibliographique des ouvrages relatifs à l'Empire chinois*. Paris: E. Leroux, 1878—1895.

⑤ 袁同礼另著有《俄文汉学书目》《新疆研究文献目录》《中国留美同学博士论文目录》《中国留英同学博士论文目录》《中国留欧大陆各国博士论文目录》等,参见《袁同礼书目汇编》,国家图书馆出版社,2010 年版。

⑥ 如赵省伟主编的"西洋镜"丛书、沈弘主编的"遗失在西方的中国史"系列图书,但总体说来体量不大,尚不能称为一个研究流派。

人眼花缭乱：有的聚焦汉学家或汉学作品，有的关注国外汉学的特定主题研究，有的从目录的角度对汉学文献史进行分析，有的从中外文化交流或中国传统文化对外传播透视汉学学术史，等等。毋庸置疑，上述视角和选题极大地丰富了中国学界的汉学研究；然而囿于各学科背景的限制和各写作者功力的不足，国内近年出版的汉学研究著作可谓良莠不齐，不少作品都存在知识上或方法上的缺陷。相对于绝大多数的国内作品，该著作的优点主要体现在以下三个维度。

（一）规范引征了大量的中外文献

该著作在文献引用方面的优点主要在于三个方面。一是文献的引用量非常庞大。全书页下注约在 1 100 条左右，除少数属于解释说明以外，其余全部用来交代出处。举凡非原创性的重要概念、观点、数据和史实，著者在书中均提供了文献来源。另外，书后附录的参考文献也达到了 778 种之多（外加 21 种期刊），使得该著作在一定程度上成为今后中国学术界深入研究美国汉学、中美人文交流史的文献总目。二是一手外文文献的引用。众所周知，海外汉学的本质是外国学问，其写作主体、问题意识、分析框架、话语体系均属国外，作品理所当然也以外文写就。汉学是西方学术，那么汉学研究就应当倚靠西方的材料。这就要求中国学者在进行汉学研究时必须掌握第一手的外文材料，主要依靠外文材料来建构观点、勾陈分析，而汉文材料则主要用于对照阐发、勘误修正或者辅助说明。《客居美国的民国史家与美国汉学》页下注以英文文献为主、汉文著作为辅的做法，恰恰体现了汉学研究在文献基础上对于一手外文材料的倚重。相形之下，国内有些基于二手或转译的外文材料、相当大比重甚至主要依据汉语材料写就的汉学研究作品，其学术价值就大大可疑。三是引用体现出极强的学术规范性。书中的引用绝大多数为中外文献的直接引用（只是在个别位置有所转引），保证了所引内容的原真性；完全没有涉嫌抄袭的过度引用或者与论题不相关的无效引用；中英文的引用格式全书贯通一致。当然，这种引用的规范性部分归功于著者严谨的治学理念，部分归功于该著作责任编辑杨雷老师的专业精神。综上可见，该著作具备扎实的史料基础且引征规范，体现出著者对汉学研究的深刻认识、厚重的史料积累和严格的治学标准。

（二）执行了述评结合的批判性研究

国内的汉学研究自上世纪七十年代末起步。为了填补整个领域的知识空白，早期研究曾以介绍国外汉学家、汉学作品、机构、期刊、汉学的领域及流派为主要任务。四十多年过去，在前辈学人的孜孜努力下，可以说目前中国学界对海外汉学已经有了较为清晰的了解，现在需要超越单一的介绍而进入对话与批判的阶段，否则难称真正意义上的"研究"。当前仍有部分文章在期刊和报纸上对海外汉学进行各种简单介绍，而没有任何提炼、总结与批判，我们认为其学术理念不符合未来学术的发展态势。《客居美国的民国史家与美国汉学》一书可以说较好地兼顾了史实叙述与批判评价的双重维度，或者按照历史学的传统说法，做到了"史论结合"。例如在第三章谈及中国史家眼中美国汉学的局限性时，著者就从美国汉学家相对于欧洲同仁的汉语能力显得薄弱、所掌握的中国文史知识并不深厚、解释和译注史料时经常存在误解误译、材料搜集和审别难称博雅这四个角度进行分析；第五章在叙述完中国史家与美国汉学合作的整体情况并以邓嗣禹为例进行详细论证之后，著者进一步提炼了这种跨国学术合作的特点，如多集中于汉学基础领域，美国汉学家主导合作的研究理念和框架结构，中国史家主要承担史料的搜集、挑选、英译和注释等；又如第七章在论述钱存训的中国书史研究时，著者建构了四个维度来分析钱氏研究广受美国学界赞誉的原因：注重资料的搜集与考证、研究具有综合性和系统性、具备鲜明的问题意识和中外比较的研究方法，以及简洁流畅的写作风格。《客居美国的民国史家与美国汉学》既有条缕清晰的史实陈述又有鞭辟入里的评价判断，既有对史料和观点的提炼又有对内在理据的分析，如此批判性的研究正是目前国内汉学研究界所应当大力推广的研究方法。

（三）为继续研究民国时期的中美人文交流史提供了重要线索

如前所述，汉学是中外文化接触与交流的产物。中国学术研究海外汉学，不能就汉学而论汉学，而是要将其投放回生发与发展的中外文化交流史中。研究民国史家的赴美经历，详述他们与美国汉学家的交游、学术合作、自身的学术研究以及他们所参与的美国学术建设，可以从史学的维度为我们提供这一历史图景的一个特定画面，这在《客居美国的民国史家与美国汉学》中已有充分记述。追循该著作所提供的人物线索，读者可以继续做各类延展性研究。因笔者多年来研究美国东方学会（American Oriental Society），下面将结合学会的史料，以美国汉学为主轴，对民国史家厕身其中的中美人文交流史进行侧面补充。

客居美国期间，民国史家曾广泛活跃于美国的汉学领域，为美国汉学的崛起和快速发展提供了急需的智力支持。总体说来，除去《客居美国的民国史家与美国汉学》业已论述的汉学文献基础建设、参与美国学术工程以外，他们另有以下几种途径：第一是加入美国学术组织。在该著作所涉及的人物中，加入美国东方学会的就包括了袁同礼、裘开明、陈受颐、邓嗣禹、杨联陞、胡适、罗荣邦、孙任以都、钱存训、刘子健和王伊同。第二是在美国著书刊文。著书可以邓嗣禹为例，他和顾立雅（Herrlee G.Creel，1905—1994）合作编写过《读中新闻》《课文节译及练习》《新闻汉语》《汉语会话及语法》等汉语教材；刊文可以杨联陞为例，他曾在《美国东方学会会刊》上发表《评白乐日〈隋朝的经济特征〉〈中世纪中国的社会和经济研究〉》①和《评陈垣、钱星海、富路德〈元西域人华化考〉》②等多篇书评。第三是参与学术活动。在美国东方学会历年学术大会的出席者名单上，除前述人物外，我们还发现了赵元任、陈世骧、李方桂、张仲礼、江亢虎、王际真、洪业、梅光迪和瞿同祖的名字以及他们向大会提交的论文。例如裘开明就曾提交如下论文：《中国的图书馆文献资源与书籍市场》③《劳佛论眼镜在中国的流传》④《燕京学社图书馆中文书卡片目录》⑤《研究者眼中的美国远东图书馆》⑥《中国和日本书目分类系统的发展》⑦《远东研究史料的联合购买和管理，以及对建立联合目录的建议》⑧和《中文图书目录》。⑨ 第四是培养美国汉学人才。最典型的是

---

① Le traité économique du "Soueichou," Études sur la société et l'économie de la Chine médiévale I by Étienne Balazs.

② Lien-sheng Yang.Western and Central Asians in China under the Mongols.Their Transformation into Chinese by Ch'en Yuan；Ch'ien Hsing-hai；L.Carrington Goodrich.

③ Library Resources and Book Markets in China：A Preliminary Report,1932.

④ Laufer on the Introduction of Spectacles into China,1936.

⑤ Harvard-Yenching Institute Printed Cards for Chinese Books,1939.

⑥ Research Workers Look at American Far Eastern Libraries,1942.

⑦ The Development of General Bibliorgraphic Classification System in China and Japan,1943.

⑧ Cooerative Purchasing and Processing of Far Eastern Research Materials,with Suggestions toward a Union Catalogue,1946.

⑨ A Chinese Library Catalogue,1948.

几位民国史家与美国东方学会会长具有师生之谊：薛爱华（Edward H. Schafer，1913—1991）曾在赵元任和陈受颐的指导下获得夏威夷大学的硕士学位；康达维（David Knechtges，1942—）在华盛顿大学本科和博士期间师从萧公权、严倚云、李方桂，在哈佛大学硕士期间跟随杨联陞学习中国历史；柯睿格（Edward A. Kracke，Jr.，1908—1976）在1936—1940年访学中国时，洪业是他的导师（另一位导师是聂崇岐）。

三、该著作的三个有待完善之处

《客居美国的民国史家与美国汉学》一书的学术价值是毋庸置疑的，它能跻身于收录了李明滨教授《中国文学俄罗斯传播史》、张西平教授《交错的文化史：早期传教士汉学研究史稿》、王晓平教授《日本诗经要籍辑考》等重要学术作品的"汉学研究大系"，本身就是实力的证明。但是，对别人的学术作品，无论其怎样出色，如何推动了知识上和方法上的学术进步，品头论足、指手画脚甚至吹毛求疵总是读者的天然权利。明乎此，本文继续指出该著作的三个薄弱之处。

（一）书中对25位中国史家的论述稍显无序

该著作以客居美国的25位民国史家为研究对象，对他们赴美前的生活及求学背景、赴美途径及过程、客居美国后的学术活动进行了详细摹写。25人的学术团体规模不算小，如果著者全部将他们一一考证，给每位史家都写成一节，极有可能显得过于零散。因此著者挑选典型史家进行以点带面的论述势在必行，该著作也确实以邓嗣禹、杨联陞、钱存训、刘子健、刘广京等五人为具体案例进行了详述。

然而仔细分析，读者会觉得这种典型案例的选择似乎缺乏学术上的必然理据，或者著者未将择取理由进行单独交代。就本书的主题"客居美国的民国史家与美国汉学"来讲，诚然这25位史家均有所成就，对美国汉学的发展起过重大推动作用，但他们所涉猎的研究领域却大相径庭：就美国汉学史来讲，洪业、袁同礼、裘开明、邓嗣禹、钱存训在图书馆学及文献目录学上的贡献可谓卓著；杨联陞的汉学书评笔锋犀利，篇篇精彩，为他在美国汉学界赢得过"汉学警察"的别称；何炳棣、瞿同祖留美期间入哥伦比亚大学接受西方史学训练，均以中国社会史研究成名，前者更是当选美国文理科学院院士；刘广京、徐中约、唐德刚、萧公权在美期间则主要从事中国近现代史研究,为声誉日隆的"美国中国学"添薪加油;房兆楹、杜联喆夫妇则专以协助美国汉学家编修中国历史人物传记为主业。此外,脱离研究领域的分类,这些民国史家的学术史地位也情况殊异:如果从美国汉学基础研究文献整理的角度来说,专攻明清社会史的何炳棣可以说几无建树;从社会科学各学科区域研究的"中国学"的角度看,一心从事文献编目的袁同礼则只墨未着。综上可见,未设立一定范畴和标准即对民国史家进行笼统化叙述,会稍显无序。比较理想的叙述方法,可能还是要以从事研究的具体领域进行分类叙述。该著作有两个题眼,一个是民国史家,另一个是美国汉学。鉴于这些民国史家在客居美国期间并非完全从事中国概念的史学研究,他们的活动似乎可以按照美国汉学内部的学科里路进行划分,如传统汉学的人文领域(文学、史学、哲学等)和"新汉学"(中国学)的社会科学领域(政治学、社会学、经济学等)。有了明确的叙述标准,读者才会较为清晰地了解留美学人所涉及的学术领域以及他们的学术建术,才能把握中美史学及人文交流的主要脉络。这一设想对国内的汉学研究具有一定的方法论意义:汉学只是一个研究领域抑或一种研究视角,而非一个学科,对汉学的研究终归还是要回到语言学、文学、历史学等各学科内进行。唯其如此,国内的汉学研究才可能具有深度,具备与海外汉学对话的知识能力和学科平台。

(二)对学术人物的情感史分析不够

粗线条回看此书,不难发现《客居美国的民国史家与美国汉学》一方面厘清了民国史家客居美国的前后经历,另一方面写出了他们留美期间的学术活动以及他们与美国汉学的互动关系。而留美期间这批民国学人有怎样的心理落差、他们在日记或书信中曾有怎样的主观表达,以及赴美交流的一段经历对于他们归国后(或者去国不归)的学术事业产生了哪些影响,该著作则着墨不够。在出国前,这些民国史家基本上接受的都是以文史哲为中心的中国传统式教育,而客居美国后却需要投身西方现代学术的语言学、文学、历史学、经济学、政治学等各个学科。在此,我们发现一个很大的想象空间和学术天地:当他们身上的中国学术根基移植到美国学术谱系时,一定会发生文化上和学术上一系列的紧张、错位、调适和融合,在此学术转型过程中他们也一定会经历复杂异常的心路历程。如前所述,汉学是异质文化接触与交流的产物。对异质文化接触与交流的研究,重点就在于研究此过程中原文化势能与新接受语境在介质上所体现出的对立统一关系,在于介质是如何实现了从碰撞与冲突、到调和与适应、再到变异与衍化这样一个过程。在情感史研究逐渐趋热的大背景下,关于学术人物所经历的学术心理历程,以及他们身上所体现出的民族文化冲突,该著作确实阐发不够。

另外,这批中国学人留美后,除了史学和有关中国文化研究的汉学以外,他们应该在美国的其他学科留下了印记,被美国各学术领域评价,赴美交流的经历也会对他们的学术研究产生研究主题、学术理念、分析手段和叙事方法等方面的影响。对于这些议题,该著作有的予以一定程度的论述,有的则完全没有涉及。由此,《客居美国的民国史家与美国汉学》对于国内的汉学研究极具启示和警示意义:其一,我们要像该著作那样广集史料、条分缕析,尽力复原那段复杂多样且波澜壮阔的中美人文学术交流史;其二,我们还要挖掘客观历史之中的主观记述,研究异质文化及学术在交流中引发的心理矛盾与调和;其三,我们也要考量人文交流对双方各自学术发展所产生的后续影响,评价历史事件的现实意义。史实研究与史学评价、客观史料与主观情感是历史研究的两对重要的对应维度,后者更能够使前者生动可人,其价值也得以大大彰显。

(三)过于局限在民国史家的范畴,未能从更广泛的华人留学史及中美人文交流史的视野下对之进行俯视和反观

民国时期中国学人赴美是一股热潮。据华美协进社 1949 年的统计,中国留美学生总人数彼时已高达 3 797 人。[①] 而面向如此庞大的留美中国学人群体,该著作仅选择史学为研究对象,弱水三千只取一瓢饮,选择了 25 位民国史家作为研究对象,在一定程度上虽有中美人文交流史的大背景关照,但读后仍让人感觉意犹未尽。在长长的留美学人名单中,有金岳霖、费孝通等一批之后在中国学术史上地位超然的人物。我们想知道在主业之外,他们是否也曾涉猎过史学,他们在客居美国期间是否与这 25 位史家有过往来与互动,以及他们对美国研究中国的汉学或中国学是否也做出过贡献。另外,在历史研究"眼光向下"、所关注的对象越来越"边缘化"和"非主流化"的大趋势下,似乎我们的学术研究也应该关注学术建树不是那么卓著、或者尚未引起充分关注的那些学者,毕竟他们占据了中国留美学人群体的更大比重。在前两者的基础上,我们希望著者将研究范围加以拓展,涵盖晚清幼童

---

① 吴原元:《客居美国的民国史家与美国汉学》,学苑出版社,2019 年,第 1—2 页。

留美、改革开放之后的留学大潮,甚至当下的中美人文交流,进而在书中呈现华人海外留学史、中外人文交流史的整体视野。以此整体视野回顾民国史家客居美国这一事件,能够更好地阐明其独特价值和历史地位。

当然,《客居美国的民国史家与美国汉学》聚焦民国史家的这一选择与著者的历史学出身直接相关,也与著者的治学理念有关。通览吴原元教授的全部学术作品,不难发现他所有的工作均不离历史学的框架和学术史的方法,从《隔绝对峙时期的美国中国学》《新中国前 30 年的域外汉学研究》到《试述 1950—1970 年代海外汉学著作在中国的译介及启示》,莫不如是。《客居美国的民国史家与美国汉学》以史学为切入点进入中美人文交流史研究,的确以扎实的史料、严密的分析从一个特定维度揭示出中美史学及人文交流的宏大叙事,能够在读者中激发更多的知识渴求。然而,一个人所共知的事实是,个人有局限,学术有边界。作为单一学术个体的阶段性、领域性智力产品,著者的单本著作与读者的知识需求之间无法做到无缝对接,这可能就是学术供给与知识需求之间永无平衡的一种悖论。对于吴原元教授的《客居美国的民国史家与美国汉学》来说,能够依据扎实的一手文献史料,兼顾整体性与代表性讲清楚民国史家赴美的前后历程、学术工作以及他们对美国汉学的作用与影响,进而揭示出由他们所承载的中美学术甚至文化互动,就已经完成了它的学术使命。对于更多的期望甚至苛求,我们期待著者在他接下来的一本本著作里予以逐步回应。

作者简介

孟庆波　南开大学历史学博士,燕山大学燕山学者,燕山大学外国语学院副教授。

中国的儒家文化①

弗雷德里赫·麦克斯·缪勒　著　　官濛　译

儒家由孔子保留复兴，但并非由他创立。虽然儒学的英文为 Confucianism，来源于孔子姓名的拉丁语译名（Confucius），然而他却宣称以下典籍并非由他所著。

（1）《易经》，变化之书。

（2）《书经》，历史之书。

（3）《诗经》，诗歌之书。

（4）《礼记》，礼仪之记录。

（5）《春秋》，公元前 721—公元前 480 年间的编年史。

此外还有四书，亦被称为书，或四位哲学家的著作。

（1）《论语》，对话摘录，主要是孔子的言论。

（2）《大学》，大学问，据说是由孔子的弟子曾参所著。

（3）《中庸》，倡导中正平和的原则，据说是由孔子的孙子孔伋所著。

（4）《孟子》。②

孔子称自己为信仰并爱戴先世圣贤的传承者，而非创造者。当谈及自己时，他说："吾十有五而志于学，三十而立，四十而不惑，五十而知天命，六

---

① 本文原题为 The Religions of China—1. Confucianism，发表于 *The Nineteenth Century*，1900 年第 48 卷。本文对中国古代事件、人物的纪年多有与权威文献不一致处，为尊重原文，译者未作更正。

② 参见理雅各：*The Life and Teachings of Confucius*，第 1—2 页。

十而耳顺,七十而从心所欲,不逾矩。"在公元前479年去世之前,孔子曾抱怨各国诸侯没有一人能够接纳他的原则,没有一人愿意遵循他的教导。这一说法也得到了其他来源的佐证,说明孔子并不是一位积极的活动家。在世时,他自己所处的鲁国的宗教思想平静沉默犹如水面,而他极少在这"水面上"推出变革的涟漪。毋庸置疑,在宗教思想方面,孔子已远远超越他的时代,但他坚守从古代传承下来的信条,并且坚信它们必将复兴。这些远景在他死后无一例外全实现了。孙子孔伋评价他说,圣人是完美的人类,而孔子就是完美的圣人。但即使是这位孙子,尽管他的确赞誉祖父的智慧和美德已经超越人类的界限,也从未宣称这位先人是神。他写道:"辟如天地之无不持载,无不覆帱。辟如四时之错行,如日月之代明……唯天下至圣为能聪明睿知,足以有临也;宽裕温柔,足以有容也;发强刚毅,足以有执也;齐庄中正,足以有敬也;文理密察,足以有别也。溥博渊泉,而时出之。溥博如天,渊泉如渊。见而民莫不敬,言而民莫不信,行而民莫不说。是以声名洋溢乎中国,施及蛮貊;舟车所至,人力所通;天之所覆,地之所载,日月所照,霜露所队;凡有血气者,莫不尊亲,故曰配天。"

以上所描述的人在去世时,还仅仅是一个守旧小国的官员。两代人之后,他竟然被称为与天相配,实在是令人惊讶,尤其"天"在此处还有神的含义。但是参照四书五经中的教义,我们会发现,孔子自己应当最强烈地反对这种将成就归结给他个人或者是超人力量的说法。没有其他任何一个宗教或者哲学体系的创始人会如此迫切地隐匿自己,坦诚地承认我们所继承的真理的确可观——与我们所继承的相比,我们所创造的知识实在是微乎其微。然而结果如何呢?如今千万人声称是儒学的追随者。据说黑格尔临终时宣称他只有一位门徒,而这位门徒也曾曲解过他。倘若某些现代哲学家一味强调他们的理解完全是自己的创新——比方说进化、发展、成长等,不正是由于他们对哲学史的无知吗?宗教在这方面同语言非常相似。人们传承语言,虽然对语言的改进、净化、扩充的确存在,但是从根本上说,人们同孔子一样并非创造者,仅仅是语言和信仰的传播者。

理雅各教授首次揭示了中国宗教的基本思想与语言的紧密联系。此前,我们并不了解,中国的语言和宗教交织形成一个整体。正是由于我们的无知,中国的宗教常常被描述为不同于雅利安人的宗教,与自然崇拜无关,没有神话,没有神祇。但毫无疑问,一些神话和宗教思想在中国出现的时间甚至早于印度、埃及和巴比伦。据理雅各教授考证,它们不仅以词语的方式出现,甚至在距今 4000 至 6000 年前就以文字符号的形式存在了。

　　研究古代史的学生们必须要注意这一点。通常我们认为在雅利安国家中,自然导致自然神灵的产生,到目前为止这几乎是毫无疑问的。《吠陀经》中被崇拜的对象不仅包括发光天体,还有黎明夜晚,雨和雷电,河流和树木,以及山峰。这种崇拜会导致多神教,但也映射出一丝一神论的印迹。大概因为在更早的时候,人们崇拜天空或太阳,会形成一位上神或者是处在众神之上的神灵。然而我刚才用了"大概"一词,理由是基于目前我们所了解的其他国家的宗教(甚至包括野蛮未开化的种族的宗教),只能得出这种解释。毫无疑问,中国存在类似自然崇拜的迹象。早在孔子时代之前的很多年前,中国人所有的宗教事件似乎都已经远离神话阶段。作为道德和世俗智慧的体系,它似乎是一种平淡无奇又毫无诗意的宗教,充满理性的格言,然而却没有涉及宗教教义和个人奉献。如果说它充满了永恒的真理,它同时也充满了老生常谈的自明之理。此外,如果认为宗教就是受到启示的先知或预言家以不可思议的方式揭示神性、神的存在、神的行为和特征的话,那么孔子以及其门徒对此一无所知,并且他们还因此被认为是没有宗教信仰或者是伪装的无神论者。然而对于这一论断,正如理雅各教授明确指出的,中国的语言,甚至包括中国的文字,都是强有力的反驳证据。或许我应该说明一点,理雅各教授熟知我关于 Dyaus[①],Zeus[②]和 Jupiter[③]的文章。他知道梵语中的 dyaus,为阴性,意为天空,明亮者,来源于意为闪耀的词根 div 或 dju;然而 Dyaus,为阳性,意为明亮的天空,被认为是神的名字,他曾是雅利安人众神中最古老的天神。Dyaus 其实就是 Zeus。正如 Jupiter 中的 Jovis 或 Ju,Jovis 的含义来源于 sub Jove frigido 的比喻。[④]

　　正如理雅各教授[⑤]所指出的,天在汉语中指天空和白昼,它同时也可以指上帝,中国学者由"一"和"大"字中得到天字,意味着独一无二且最宏大的开端。然而,这只能从心理而非时间的角度来解释神性消解后的称谓——

---

① 印度教中的天父。——译者注
② 希腊神话中的众神之王。——译者注
③ 罗马神话中的众神之王。——译者注
④ 参见 Nineteenth Century,1885,"The Lesson of Jupiter";亦参见 Chips,第四卷,第 368—411 页。罗马文豪贺拉斯(Horce)曾在凛冽的天穹下说:Jove 之下,何其寒冷。此处 Jove 即指天,与掌管天界的众神之王 Jupiter 的名字对应。——译者注
⑤ 理雅各:*Religions of China*(《中国的宗教》),第 9 页。

天。中国的书面文字,至今已有近 5000 年的历史,可以追溯到公元前三四千年之久。如果是黄帝首创这些文字符号,他的纪元始于公元前 2697 年;如果是伏羲发明了这些书写符号,他则是于公元前 3697 年即位。①这些年代都已非常久远,但是我们所面临的问题是,我们是否可以不必追寻中国文字的发明者,而仅从字体结构就得出天字的意义就是唯一和最宏大的存在呢?这种做法貌似合理但却未必真实。然而,当孔子将以下词语:天、上天、帝、上帝作为同义词使用时,显然对于他而言,天不仅仅是肉眼可见的天空,也指天穹后不可见的力量。天作为天空和天作为上帝的区别可能与 Dyaus 天空和 Dyaus 天父的区别类似,但无论是在中国还是在印度,神的概念的起源都无疑是自然界可见的因素,在此处是可见的天空。

我们已经了解天和帝,从未被滥用泛指许多神祇或偶像。尽管宗教历史中发生过许多演变,中国人仍保持了对一神论的信仰,信奉天——天上唯一的神,也是最大的神灵。②但是当天、帝或者上帝成为人类和人间的统治者,当人类成为上帝或者天特别关照的对象,当传说天曾指派谷物为所有人的营养供给,当天把品行好的人擢升为王时,天就不再只是肉眼可见的天了。正如《新约》中所著——挥霍的浪子说:"父亲,我得罪了天,也得罪了您。"此处,天也并非肉眼可见的自然界的存在。同样,有谚语说天在监管国王。他细嗅出他们祭品的味道,将富足赐给国王和他们的子民,在他们失职时施予他们惩罚。任何一个了解思维运转秘密的心理学家,或者任何一位观察过思维演变和语言演变同步进行的心理学家都可以容易地理解,只要将词语"亲爱的"与天搭配使用,得到亲爱的天,就把天变成有生命的存在,和泛灵论所假定的一致。同时,使用"天下雨了"(The Sky rains.)或者是"他下雨了"(He rains.),而不是"它下雨了"(It rains.)的表达就完成了对任何一个无生命体的拟人化,将天空、山丘、河流或者树木等比拟为人。人们所知的词语在现实中都是异常简洁的。高调又夸张的命名,比如说泛灵论(Animism)和拜物教(Fetishism)等,必然会妨碍人们对其所指对象产生清晰的认知。Fetico、Fétiche 或者 Fetish 是无知的葡萄牙水手对非洲西海岸黑人附身护身符的命名,而 Fétichisme(拜物教)作为一个体系,是由最无知和迂腐的人种学者布罗塞(De Brosses)所提出的。他有一个疯狂的观点,

①　理雅各:*Religions of China*(《中国的宗教》),第 59 页。
②　理雅各:*Religions of China*(《中国的宗教》),第 11、16 页。

认为拜物教是宗教的原始形态。这个说法遭到了伏尔泰的嘲讽，哪怕在得到了孔德及其追随者的支持之后，仍然一如既往的荒诞。至于泛灵论，任何观察过未开化种族或者是欧洲普通人的学者都会深谙这一点：当月亮在德语中被称为"Herr Mond"或者"亲爱的月亮"时，月亮立刻成为一个主体，却并不是一个男人或女人。Grimm 在《德语语法》中已经彻底地分析了这些语法的变化，能够为心理学和语言学的学生解释有生命和无生命体的自然转化，无需借助所谓泛灵论的令人费解的观点。尤其考虑到 Animism（泛灵论）来自词根 anima，意为呼吸（与肺和咽喉相关），该词的构成更显得荒唐了。

在厘清以上问题之后，现在我们就可以着手去探究所谓的自然神灵和死者的灵魂了。（据说中国人从上古时代就已经开始膜拜死者了。）这些神灵和逝者的名字及其文字符号都一直存在，至少可以追溯到公元前 2697 年。但是我们如何去理解这三种存在——神（天的神灵）、祇（地的神灵）和鬼（已逝之人的亡魂）之间的联系呢？我们得知，需要从研究祇的象形文字入手。祇其本意为上方之物。在神的字符中也有意为上方之物构成部分。中国学者对代表亡魂的鬼字的解释则极富想象力。但很明显，这些所谓鬼神的命名和书写符号并不代表脱离于云、雨、雷、风的任何东西，或者代表任何有生命的或者能呼吸的东西，更不可能代表一个护身符或偶像（正如《吠陀经》中的火神阿奢尼是与火完全无关的存在）。中国人说到雨、雷等，只是把雨和雷视为能动的主体。我们固然可以认为雷电既不是神灵、不是主体，也不具备生命。而泛灵论这个词（我们暂且不提拜物教）根本无助于理解其概念的起源，这个观点本身就在引来语言的迷雾以蒙蔽我们的眼睛。如果必须以一个词取代 Animism，可以用 Agentism（主体论）。它虽然听起来有些粗俗，却还是比一众其他术语更为文雅。了解这个概念的人一定会赞同后者更佳。显然，中国语言的建构方式似乎就是为了避免中国宗教源于泛灵论[①]和拜物教的误解。

不论在中国还是印度，迈出从视雷和雨为主体，到视雷和雨为鬼神这一步不仅容易理解，而且是几乎不可避免的。唯一的区别在于，在中国，这些鬼神对天、帝的从属关系要更强烈。然而理雅各教授也承认有一种可能，即这些鬼神被视为具有独立的影响力，并可能会如同在《吠陀经》中所述一样

---

① 理雅各：*Religions of China*（《中国的宗教》），第 19 页。

上升到神的地位。但是中国最古老也是最根深蒂固的唯一的神的存在，即天的存在，打消了这种可能。自然具象不可能上升至所谓的鬼神，达到和天（唯一的神）平等的地位。这是中国的一神论和在许多其他国家产生不同体系的多神教的多个神灵或多个自然主体的真正区别。

有一点很有趣，《吠陀经》中的天、地是两位神祇的名字——Dyâvâ、Prithivyan，即天和地。但在中国，天地的命名则不同，二者的名称是合二为一的，即天是唯一的上神，因此可以认为天地是万物的源头（如父亲或母亲）。为了避免出现两位而非一位上神，孔子明确指出对天地的祭祀是人们奉献给上帝，这位唯一的上神。①

众所周知，中国宗教的起源是自然。理雅各教授拒绝把泛灵论和拜物教（不论二者的含义是什么）作为中国本土宗教本质，以及拒绝将中国本土宗教追溯到雅利安人古老宗教信仰的源头。这些发现不仅无可指摘，而且至关重要。然而尽管理雅各教授的观点没有得到任何反驳，他所引起的关注如此之少亦有悖常理。理雅各教授不仅通晓中文，而且和儒莲②一样，他在情感和思维方面几乎就是一个中国人。人们认为可以把他当作真正的学者来信任。毫无疑问，四书五经中所体现的宗教与自然崇拜或者被称为神明或自然主体的雅利安天神毫无联系，但将来我们可以相信这一事实，孔子身后的宗教思想无疑是自然主义的，尽管中国人总是保留他们的传统，只崇拜原始信仰中最高的神——天地，以抵挡任何多神论的渗透。

在我们的期望中，儒学无疑是毫无自然主义背景的一种宗教。它简单枯燥：无论是涉及人的起源，还是神与人的交流，抑或死后的世界，儒学中充斥着老生常谈的自明之理和奇特的观察，没有诗歌，没有超自然和奇迹。孔子认为关于这些主题的断言或者是猜想都是近乎疯狂的。而事实上，儒家作为古老而又广为传播的体系是否能被称为宗教一直受到质疑。依据我们的理解，孔子的学说毫无疑问不适合被称为宗教。他主要灌输良好的行为礼节和无私的美德，但是在启示、真相、奇迹，甚至传教者的职责方面，他始终保持缄默。

然而一个基督徒可以从孔子的教诲中得到许多共鸣。基督教有金科玉

---

① 理雅各：*Religions of China*（《中国的宗教》），第 30 页。

② 儒莲（1797—1873），法国汉学家，与沙畹、戴密微并称为"汉学三杰"。以其名字命名的"儒莲奖"被称为汉学界的诺贝尔奖。——译者注

律，如"凡你们所愿，叫人待你们的事，就是你们待他们的事"。类似的说法在五经中曾多次出现。今天所说的利他主义就是孔子所说的恕。当子贡出场，请教有没有一个词可以作为人一生的行为准则时，孔子回答说："其'恕'乎！己所不欲，勿施于人。"另外，在《论语》第五章，子贡也曾说道："我不欲人之加诸我也，吾亦欲无加诸人。"理雅各博士认为，孔子禁止人们做错误的和伤害别人的事，而福音书则要求人们做他们认为对的和好的事。这个似乎是个合理的区别，但是我却认为它听起来更像是出自一位传教士而不是宗教历史学家之口。如果我们一定要找出儒学和基督教的不同之处，在我看来，是孔子从不引用神祇或凡人作为权威来支持他的观点，而基督耶稣总是引用律法书和先知书。这是孔子教义中贯穿始终的一个特点，或许也是一个缺陷。孔子可能很难回答有关他的思想源头的问题，只能如他一贯所回应的一样——追溯到古代。

人们会在儒家的教义中发现一些对于自然界的古老信仰，如行动要顺应自然，服从天意，服从自然法则，以及人是自然的一部分等。但不论是在家庭还是国家的范畴，仅以这些不足以构成道德的基石。孔子排斥所有的形而上学，但当他感知到自然运作中的完美智慧时，便相信存在着一种统治世界的力量，即所谓的天意。但他没有更进一步深究。在他看来，对于有限的人的意识来说，所有无限和人力所不能及的东西都是不可理解的。孔子从不否认上神或者是来世，但在这些形而上学的不确定因素上费力纠缠，在他看来比无用更甚。在他看来，能确定的只有现世的人和他的完美性。孔子所说的每一句话和所做的每一件事都在努力证实这一点。对他来说死不可怕，生也不可惧，都只是自然运作的一部分而已。与自然其他的所有运作一样，生死都是规律而仁慈的。他不承认任何奇迹，因为不管古今有多少人曾见证过，任何超自然或违背自然法则的事对孔子而言似乎都会玷污天意的智慧。他说天地的运作以深不可测的方式产生了万物。

孔子在谈到伦理和政治时，解释说每个人都应当首先提升自我，然后努力改善家庭和治理国家。他说国家的基石是孝道。在他以及他所传承的其他圣人的言论中，孝也是永恒的话题。在中国，对祖先的崇拜仅次于对神的崇拜。有人认为孝道作为一种神圣的职责，存在于对祖先的祭祀中。但问题是，在对在世父母的孝道以及对祖先的崇拜中，哪一个出现更早呢？孔子宣称爱和尊敬在世的父母，以及在父母去世后感到悲伤和难过，是人一生要彻底履行的基本义务。孝道中孝字的基本字形像一个孩子搀扶着老人，孔子说这就是孝的含义。

子曰:"孝子之事亲也,居则致其敬,养则致其乐,病则致其忧,丧则致其哀,祭则致其严。五者备矣,然后能事亲。"

他接着谈到履行孝道的结果:"事亲者,居上不骄。"

有一本书全书阐述孝道,因其年代久远且权威正统而得名《孝经》。如果孔子所说的这本书和现存的《孝经》是同一本书,那它就是中国最古老的经典著作。孔子说:"吾志在《春秋》,行在《孝经》。"这本书本应毁于公元前213年的焚书坑儒事件。当年秦始皇颁发诏令,将所有的古典书籍都付诸一炬,只留下大学者的藏书为政权服务,以及《周易》用于占卜和法术。幸运的是,皇帝在法令颁布四年后驾崩。虽然他的命令看似得到了彻底的执行,许多藏匿的书籍和记忆力完美的人还是保留下许多先人的智慧。其后,汉朝于公元前206年建立,并在公元前191年正式废除了销毁书籍的法令。汉朝的强大对手,曾经实施了为期三个月的大毁灭,焚烧了许多宫殿和公共建筑。然而许多中国图书瑰宝据说也得以幸存于那场大火。中国皇家图书馆的藏书目录证实,当年曾属于孔子家族的《孝经》,现存两个版本,其中较古老的版本篇幅更长,较新的版本篇幅则更短。本土学者就这两个版本的年代和真伪争论不休,存在很大争议。这部典籍收录了孔子及其一位弟子①的对话。对我们而言,这本书究竟是孔子还是他的某位弟子所著并不重要。书中的思想即为孔子的教义(可能来自四书五经),能够让我们真正了解中国最本初的政治哲学,而不必凭空想象。

在书的开篇,一天,孔子闲坐。他的最杰出的一位学生曾子坐在一旁。孔子说:"先王有至德要道,以顺天下,民用和睦,上下无怨。汝知之乎?"

之后,曾参毫不意外地从座位上站起来说:"参不敏,何足以知之?"孔子接着说:"夫孝,德之本也,教之所由生也。复坐,吾语汝。身体发肤,受之父母,不敢毁伤,孝之始也。立身行道,扬名于后世,以显父母,孝之终也。夫孝,始于事亲,中于事君,终于立身。"

以上开篇,足以看出孔子的目标。他将家庭作为政治生活的基本单位,所有的政治组织都以家庭为单位设立。孩子一旦学会在家庭中履行侍奉双亲的责任,他们也就学会了在更大的政治组织中如何去对待上级,以及在朝堂上向国君表示尊敬,和睦、和谐因而得以传承。借用《旧约》中的话来说,

---

① 此处指曾参。——译者注

荣耀父母的人将长寿，在上帝赐予之地长久地生活在平静中。

孔子接着阐释孝道为什么应该跨越阶级，上至天子即皇帝，下至庶民，都应该奉行。

普通人必须在四季更迭中遵循天道。他们必须遵守天象进行农耕，或者如孔子所说，农夫必须辨别不同的土壤的特性，行为谨慎，开支节俭以供养父母，这是庶人的孝道。

底层的官员不仅侍奉父亲、亲爱母亲，还要侍奉国君、敬畏国君，以示孝道。以亲爱之心对待母亲，以敬畏之心对待国君，以亲爱和敬畏之心对待父亲。以孝道侍奉国君，他们就做到了忠诚；以孝道侍奉上级，他们就做到了顺从。如果一贯坚持以忠诚和顺从侍奉身居高位的人，他们就能够守住自己的俸禄以及对祖先的祭祀。这是士人的孝道。

卿大夫如果能奉行孝道，必定只敢穿戴先代君王指定的合乎礼法的衣服，只说先代君王所说的合乎礼法的言语，只实施合乎礼法道德的行为。如果能做到以上这些，他们就能够保住自己的宗庙。这是卿大夫的孝道。

不仅诸侯，包括皇帝，即天子（自商代以来，皇帝被称为天子）也要履行孝道。如果能够爱戴父母，必定不会冒险招致别人的憎恨或谴责。当天子至诚至敬地侍奉自己的父母，他的德行教化会普及到所有的人民，他也会成为四海之内的道德榜样。

此时，曾子感叹说："甚哉，孝之大也！"孔子接着说，孝道是天道的恒久原则，大地的利益万物，是人民必须履行的德行。天地奉行不变的原则，人们也应该效法它。古代先王效法上天光明普照，利用大地提供多样的优势，因此能够顺应天下万物。他们的教化也因此不需严厉的推行就可以成功，他们的施政不需艰难的执行就可以获得完美的秩序。

这大概就是孔子所说的顺应天或天道行事以及受礼乐引导的人民。国君和臣民要效仿自然的秩序，每个人如天上的星宿恪守自己的轨道，不干涉之前或之后的人，而只是对所有人表示尊敬和爱。孔子说："夫然，故生则亲安之，祭则鬼飨之。是以天下和平，灾害不生，祸乱不作。"

这些观点无论是从政治还是伦理的角度来看，都是非常朴素的。然而孔子在《孝经》中反复倡导，国君充分履行孝道就能带领百姓安居乐业，表明在古代这些原则就已经卓有成效地维护了和平和秩序，这是许多后世的政治和伦理制度都无法比拟的。本文不便给出更多来自《孝经》的摘录。关注古代政治学的读者可以查阅我所著的《东方圣书》第三卷，其中有许多值得思考的问题。书中有《孝经》的完整译文——《书经》和《诗经》。其后几卷中包含《易经》(第十六卷)、《礼记》(第二十七和二十八卷),以及《道德经》(第三十九和四十卷)均由我的已故好友理雅各教授翻译。读者有理由认为,书中所呈现的只是一种政治理想而非现实。如果真是这样,他就可以质疑进化论的观点:"所有的进化都是从不完美到更完美,从猿猴到野人,从野人到圣人。"这类假设是否还能成立?抑或,在中国偶尔会出现一种以退为进倒退?①

作者简介

弗雷德里赫·麦克斯·缪勒(Friedrich Max Muller,1823 —1900) 旅居英国的德国宗教学家、语言学家、神话学家、梵文与印度学专家,西方比较宗教学的创始人。

官濛 中国矿业大学外国语言文化学院、中国矿业大学国际汉学与比较文学研究中心副教授。

---

① Confucius 是罗马传教士所定的孔夫子名字的拉丁化形式。孔夫子意为尊敬的孔老师。很遗憾他们没有给老子一个类似的拉丁化名字,如 Laocius,他们没有给予这位哲学家足够的关注,因此老子只能以其中文名字为世人所知。

中国的道家文化^①

弗雷德里赫·麦克斯·缪勒　著　陈硕　译

  道家,据说由老子创立。老子生平不详,仅有为数不多的传说,甚至比孔子更不为人知。有些人甚至完全否认他的存在。虽然孔子问礼的记载通常可以视作一劳永逸地确立了两位圣贤的历史特征,然而公认发生在大约公元前517年的这次问礼也可能只是传说的产物而已。事实上,大多数宗教创始人身上都发生过类似的事情。传说为他们的真实生平增添了许多奇幻和神迹的特征,使得诸多寓言的主题本身最终变成了寓言,几乎隐匿不见了,就像一棵树被枝蔓簇簇的常春藤缠绕窒息而死。不过,树干一定还在那儿,一定是真实存在的,支撑着枝繁叶茂的常春藤。例如,据说老子的母亲怀胎72年,公元前604年孩子最终出生时已经白发苍苍。之所以产生这样的传说,原因不是显而易见吗? 孩子取名老子,意思是"老孩子"或"老男孩"。一旦得此名,其他一切传说便随之而来。他生下来就有白发,张口便是智慧箴言,宛如老者。伟大的英雄人物都是父亲老年得子,这样的说法流传甚广。据说孔子的父亲也受过多年的病痛折磨,这种说法在老子的生平传说中也出现了。但是,毕竟关于其父母在中国有什么寓言,被怎样猜想,对我们来说都不算什么。我们想知道的是老子自身的思想和传道,而这些

---

  ① 本文原题为 The Religions of China: 2. Taoism,发表于 *The Nineteenth Century*,1900 年第 48 卷。本文对中国古代事件、人物的纪年多有与权威文献不一致处,为尊重原文,让读者更真实地了解国外学者研究中国的状态,译者未作更正及注解。

正是我们在《道德经》中所发现的。在道家的现代解读中,老子的崇高思想似乎完全被迷信、杂耍、愚蠢的仪式和偶像崇拜所淹没,阅读这样的解读,对我们并不会有多大帮助。相反,如果我们想要理解这位古老哲学家的思想,就必须忘记道家之后的演变,以及现状。我们得知,目前信奉道家的人属于中国社会最底层、最堕落的阶层,我们从未听说过道家的传播超越国界,也从未听说过任何通过传教方式向国外传播道家的企图。事实上,我们几乎完全相信道家思想在这一方面与儒家具有相似性。两者都是本土的民族宗教和神话信仰形式,都发轫于混乱不清的种种地方习俗、民间传说、祭祀传统、医疗和保健仪式;两者的区别是,孔子的教义从最初起就强烈反对普通人现有的迷信思想和行为,特别强调道德原则和政治原则,拒绝接受多神论和讨论所有超验话题,而道家很少甚至从不排除任何思想,乐于吸纳人们几个世纪以来的信仰,只是添加了一种首先必须是哲学、其次才是宗教的信仰——道。公元前140年博士董仲舒向汉武帝进言,凡不在六艺之科、孔子之术者,应统统罢黜,让人们知道应该信奉什么,让当时那些腐化堕落、有悖常理的学说彻底终止。汉武帝虽然意识到这些学说的凶险,却投入江湖骗子(这些人主要是道士)的怀抱数年之久,事后他对自己的愚蠢行为后悔不已。道家之所以如此受欢迎,是因为道士喜欢练习诸多邪术。他们声称掌握炼金术,会炼制长生不老丹药,会炼气化神,会耍弄大同小异的伎俩使各个时代各个国家的无知大众——有时甚至包括朝堂之上的人——都深信不疑,使本该更清楚的人也轻易相信。

当孔子告诫他的人民远离神灵时,乍看之下这个告诫似乎是针对一切精神信仰的,而实际上针对的可能是对所谓鬼神的混杂崇拜,对此道家正深受其害。可以说,儒家产生的时间比道家晚,因此可以规避道家所受之害。但这两种宗教的背景显然是相同的。只是当孔子努力抛弃他认为有害的东西时,道家似乎从来没有强大到足以完成如此不得人心的任务。我们不应该让老子——道家学说的创始人——对其宗教的民族基础负责,也不应该让他对后期进入其思想的糟粕负责。虽然后来被奉为道家的主要神祇之一,但老子本人甚是明智通达,并不渴求这一荣誉。

由于允许破坏性元素进入自身系统,道教的腐败十分迅速。如果观察那些道教徒在中国的堕落状态,再诊察一下他们对流行信念和公开膜拜的自满态度,阅读《道德经》时我们几乎不能相信自己的眼睛。这本书是老子唯一传世的作品,记载了他真正的教义,我们称之为哲学或宗教。因为崇高的哲思和幻想，早期，甚至在中国国内，老子被认为是孔子的老师。孔子一定是非常谦逊的人。据说他曾惊呼："莫我知也夫！"然后，他补充道："知我者其天乎！"能说出这种话的人一定是具有独立思想和强烈的宗教性格。但是，虽然他自己不敢承认，可人们都知道，甚至在他生前，人们就已经知道孔子是所谓的"圣人"，就像群鸟中的凤凰，蚁丘中的泰山，甚至比尧和舜都贤明得多。不过，因为较为年轻，老子88岁高龄时孔子只有35岁，听说老子的名声后，公元前517年，孔子特意前去拜访了老子。老子带着优越感接待了孔子。但会面后，孔子显然对这位老哲学家充满了钦佩之情。据记载他曾对弟子们说："鸟，吾知其能飞；鱼，吾知其能游；兽，吾知其能走。走者可以为罔，游者可以为纶，飞者可以为矰。至於龙，吾不能知其乘风云而上天。吾今日见老子，其犹龙邪！"①然而，不同于各自的老师，孔子和老子的追随者们并没有团结一致，也并没有保持友谊和相互钦佩之情。据司马迁所述，公元1世纪时，道教已经发展成为一门独立的教派，与孔子的追随者形成对立之势。围绕老子产生了更多的传说。人们把老子神化，认为他前世就已存在，而且，反复提及他预言了一位即将到来的老师——一位来自西方的老师，这是对基督教的预示。这无疑是一个奇怪的预言；困难之处只在于找出这种说法是何时出现的，由谁首先提及。早期的传说只谈到老子心生厌恶，离家向西北而去。据说函谷关的守卫请他写一本书。老子答应了，写了一本《道德经》，然后独自踏上那遥远的旅程，消失在关外，没有人知道他去了哪里，羽化何处。

　　但是，尽管我们知道老子终其一生都在传授道家的教义，尽管中国和欧洲的学者已经撰写了很多相关主题的文章，但要说出"道"的真正含义几乎是不可能的。目前《道德经》有众多译本，但即使这么多译本也不能真正揭示这个神秘的存在。然而，很明显"道"不是一个人，也不是可见可摸的物体。但如果"道"是一个概念，我们要再问一问这个概念从何而来，它所包含的内容是什么，它是如何在人的头脑中出现的。我们习惯于在每种语言中寻找概念，而它们在其他语言中并无直接对应的词。像"启示"和"灵感"这样的概念在不同的语言中含义相差甚远，相比之下"逻各斯"更是难以翻译成任何语言。不过，我们大致上能够界定这些术语所指涉的思想范畴；但对于"道"，这一点似乎也不可能。因此一些哲学家——"道"显然是一个更适

---

　①　理雅各：《中国的宗教》，第206页。

合哲学家而非中国学者探讨的主题——公开表达了对老子和"道"的蔑视，另外一些尤其是首先发现并翻译《道德经》的人则为这一古老的哲学喝彩、倾倒。最早的《道德经》译文是由法兰西学院的雷慕沙（Jean Pierre Abel Rémusat）出版的，这位学者已经习惯进行最艰深的哲学思考。1825 年雷慕沙在《亚洲丛刊》第 1 卷第 8 页写道：

"关于这位哲学家（老子）的知识是传教士引入的，而现有的传统观念却足以劝退最初的探索者。研究老子的著作彻底改变了我对他的看法。我所发现的老子可不是戏法家、巫术教授和占星家的创始人，这些人寻求长生不老和飞升进入天堂。我发现的是一位真正的哲学家、公正无私的道德家、雄辩的神学家和精深的形而上学家。他的风格兼具柏拉图式的崇高和必须指出的晦涩。他用几乎相同的语言表达了与柏拉图非常相似的思想。此外，他的整个哲学体系是温和、善意的。他的谴责只针对冷酷、暴戾的人。他对宇宙起源和构成的看法既没有荒谬的寓言，也没有因缺乏理智而令人反感；他的看法带有高尚和斗志昂扬的印记；他所揭示的崇高思想，与稍后的毕达哥拉斯和柏拉图学派的学说有着惊人而无可辩驳的一致。"①

谈到《道德经》时理雅各教授（James Legge）使用了更为克制的语言，但他依然把这本书称作 ktĩuaésǎcí②。在雷慕沙的文字中，我们看到了一模一样的充满惊讶之情的表达，这种惊讶是每个将中国道教徒的宗教与道家创始人的《道德经》进行比较时都会感受到的。二者虽然名字相同，却完全不同。因为长期以来熟悉中国和中国人，了解中国思想和中国文学的各个分支，理雅各教授对这一古代中国的瑰宝就远没有那么惊讶了。正如理雅各和其他中国学者主张的那样，虽然公元 1 世纪佛教传入中国之前道教就久已为人所知，但它主要是受到外来宗教的影响才成为一种具有充分发展的礼仪崇拜体系的正式宗教。这可能是老子的追随者们一个非常自然的愿望，他们与正统且保守的儒家思想相对立，希望采取一种更固定的形式，特别是类似佛教徒的复杂的崇拜形式，诸如寺庙、公众游行、法衣、雕像和偶像。如果理雅各教授是对的，那么现有的道教是佛教催生中国古老的迷信产生的，直到佛像被带到中国后，人们才开始为孔子和其他历代伟人造像，

① 参见《关于公元前六世纪中国哲学家老子的生平和见解的回忆录》，巴黎，1823 年。
② 希腊语，意为财产永在。——译者注

却也从未将这位古代经典中的儒家圣人塑造成任何形象。[①]如果你走进一座道观，会立刻看到三尊塑像，看起来和佛像一模一样。但他们是道教的三位尊神，称为三清——玉清、上清、太清。实际上他们被奉为天尊，这是儒家对天的称呼，意为最高的神。其中第二位称作太上老君，老子是太上老君的化身。第三位是灵宝天尊，人们认为他控制物质世界，管理所有人间事务。关于三清有许多传说。第一位，又叫盘古，是第一个开天地的人。他有时被描绘成类似毛发蓬乱、身材矮小的赫拉克勒斯，从熊而非猿进化而来，挥舞着巨大的锤子和凿子，撬开混沌的岩石，造就了大地。三清中的第三位灵宝天尊也有很多传说，他被描绘成世界的统治者。其偶像的原型据说是老子家族的一位术士，据说他和另一位姓刘的术士一起驾驶马车升天成仙。以这种方式成为世界的统治者，可谓相当新奇了。这是一个典型的庸俗道教的样本，带着怪诞的幻想和丑陋的艺术。诚然，佛教也集各种奇幻神话和传说于一身，但我们通常可以从中发现某种意义，而在道教这里，一切都是一种哑剧。佛教的三宝，常以雕像和图像的形式表现，据说象征佛、法、僧的智慧化身，或者过去佛、现在佛与未来佛。我们将看到，在中国最受欢迎的佛教，不仅仅是纯粹伦理和历史性的印度佛教，即巴利文的《三藏经》，所谓的小乘佛教，还是大乘佛教。大乘佛教的起源至今仍是巨大的迷团，它可能从喜马拉雅山脉以外的部落借鉴了很多，又反过来给予他们很多借鉴。无论公元前477年圆寂的释迦牟尼，还是公元前479年逝世的孔子，以及与孔子同时代的长者老子对宗教的纯粹外在装饰都并不关心。从下面这个例子我们差不多可以看到孔子和老子之间的意见交流。三位圣人都同意这一原则：我们希望别人怎样对待自己，就应该怎样对待别人。老子则更进一步，命令他的弟子们报怨以德。据说，孔子的一名弟子听说了这条格言，感到困惑，于是向孔子请教。孔子沉思片刻，回答道："何以报德？"接着，他给出了答案："以直报怨，以德报德。"老子的观点似乎更崇高，但孔子的回答肯定更符合逻辑。

老子的整个哲学体系都是建立在"道"这个基础之上的，但是，道是什么呢？一旦知晓，我们自己就能判断是否如塞缪尔·约翰逊（Samuel Johnson）所言，这本古老的书中蕴含着"看不见的深井之水，原始的喷泉之生命"，是否我们在"道"的泉眼里看到的只是浑水，根本无法下精确的定义，

---

① 理雅各：《中国的宗教》，第167页。

甚至翻译也不行。审视书名,可以发现"道德经"中"经"意思是"书",尤其是经典的书;"德"的意思是"美德"或"结果";如果问"道"老子,他会说:"使我介然有知,行于大道,唯施是畏。大道甚夷,而人好径。"这里虽然说得很晦涩,但还是表明在老子看来,道是平坦的直路、正确的倾向,但是他所指的直路具体是何种意义仍不确定。古拉丁语学者将其译成"比例"(Ratio)。雷慕沙说:"这个词似乎不能很好地翻译,除非用 Noyos 这个词来表示存在、理性和语言的至高无上的三重意义。"

在许多方面,尽管不是全部,"逻各斯"(Logos)似乎可以用来代替道。然而,理雅各教授认为"道"不能翻译成"逻各斯",因为"道"有父亲,而且先于存在,如果是这样,他应该记得,一些早期神学家也声称逻各斯同样先于存在,尽管被构想为圣子。他甚至似乎承认,通过对因果的转喻,道可以用来形容造物主、创始人或创造者,或制造万物的力量,此时若把道理解为自然,应该不会大错特错。海德威克博士(Dr.Hardwick)把道解释为一种抽象的原因,或生命和秩序的初始法则。瓦特斯(Thomas Watters)和巴尔弗(Frederic Henry Balfour)都认同与道最匹配的词是"自然",取义 Natura Naturans(能生的自然),天地万物都是能生的自然。理雅各教授对这些译法都不太满意,因为道并不具有可见性,而是一种安静、有序的过程,是一种看不见但令人向往的方法,使大自然发展成了我们所看到的 Kosmos(宇宙)。

斯特劳斯(Strauss)大胆地把"道"翻译为 God(上帝);但这也值得推敲,因为道中几乎没有涉及个人的内容,而且"God"已经和中文里的"天"对应了。当老子说"吾不知其谁之子,象帝之先"时,他似乎给道赋予了人格,但即使如此,"子"也仅仅只能理解为产物,而在上帝之前存在的不可能是上帝的儿子。老子又说:"自本自根,未有天地,自古以固存;神鬼神帝,生天生地。"①难怪传教士们认为自己在《道德经》中发现了至圣三位一体和上帝化身的奥秘(sanctissimo Trinitatis et Dei incarnali mysteria)。非常奇怪的

---

① 此处原文为 Again he says,"Before there were heaven and earth,from of old,there It was,securely existing.From It came the mysterious existence of spirits;from It the mysterious existence of God (Ti)."翻译成现代汉语为:他又说:"天地出现之前,自远古起,它就在那里,牢固地存在着。从它当中产生了神秘的鬼神,产生了神秘的天地。"这句话与庄子的"自本自根,未有天地,自古以固存;神鬼神帝,生天生地"相对应,出自《庄子·大宗师》,而非老子。可见此处疑是作者的错误。——译者注

是,虽然对道的阐释各不相同,但是我们阅读《道德经》的各种译文时,会发现时而这段时而那段更符合作者本人著书时的文字语境和思想背景。然而,译者们似乎忘记了,像自然、上帝、理性、逻各斯以及其他纯粹的词语,在被认定适用于译文之前,本身就需要一个定义。有一点似乎很清楚,在早期人类的哲学和宗教发展中,没有任何事物与中国的道有相同的起源和发展过程。所有人都同意,道最初的意思是道路或过程,后来又逐渐表达完全不同的含义,如自然、神或理性,但没有人能说得清这种转变是如何逐步发生的。

尽管没有任何某种语言中的某一词汇或概念与道的历史发展完全平行,我冒昧地提出,在吠陀梵语中有一个几乎被遗忘的词,在我看来,比其他任何词汇都更满足这些条件。数年前我向理雅各教授提出这一想法,但是,由于不熟悉吠陀语以及《吠陀经》和《奥义书》的哲学发展,教授担心我只是在用一种更未知的概念来解释一个未知的概念(ignotum per ignotius)——仅仅增加了一种新的译文——对揭示道的隐藏含义并没有任何帮助。甚至早在 1878 年我就在《宗教起源讲义》第 251 页的注释中提到了自己的观点。然而,我越研究老子的《道德经》,越考察道在自然、心理、道德和政治发展中的应用——这些发展被认为起源于道并受其支配——我的信念就越坚定。因为我们决不应忘记"道"统治或被认为应该统治的,不仅仅是自然界,还有国家治理和每个人的行为。只有一件事是我必须立即提防的,那就是把道看作一种吠陀思想,就像许多其他东西一样,在久远的古代从印度传播到中国。尽管印度和中国之间可能存在更早的交流不为我们所了解,但是即使在印度的佛教徒中也没有这样的想法。因此,吠陀与中国古代思想发展进程之间的平等性需要证明只是自然的巧合,而这种巧合可能表明道的概念并不像中国学者所认为那样是中国特有的。[1]

Rita(天则),源于 ri,同英文的 go,最初的意思是前进、向前、路径,特别指直路或直通道路。因此,我们在《梨俱吠陀》第 1 卷第 105 首第 12 节中读到:"众河流淌遵循天则";在《梨俱吠陀》第 2 卷第 28 首第 4 节中读到:"众河流淌在伐楼拿的正道"——这里天则可能仅仅指正确或适当的方式,伐楼拿和其他神称为天则的守护神,这里也是同样的意思,即正确的方式,或正确的。但是,伐楼拿、密特拉和其他诸神据说是天则梨多所生,并且认识天

---

[1] 见勒·佩奇·雷努夫在《希伯特讲演集》第 169 节关于古埃及女神玛阿特的论述。

则、增加天则,此时,天则梨多显然具有某种先于诸神的意义,甚至从天则才开始有诸神的序列。"道"(The Way)在此处的意义在于引起运动或给予第一推动力,以及所有运动的最初运动方向——宗动天(kivoûvåkívntov)或原动力(primum mobile)——实际上应该看出这就是道。天则可能最初是由太阳和其他天体的可见路径所启发,但很快它就脱离了这一特殊意义,之后转而广泛地——也就是说,在更广泛意义上——表示运动和过程,包括日月星辰的运行,昼夜的更迭,季节的轮回和年岁的变迁。另一方面,天则逐渐用以表示运动的起点,任何运动的起因,特别是伟大的宇宙运动的起因。太阳升起时,天则之道被描述为被光芒环绕,用来指运动起源的地方,有时也是这一运动的发起者。太阳实际上被称作天则的灿烂面孔。黎明据说栖息于天则的深渊之中。伐楼拿(天王星)被引述说:"我在天则的宝座上支撑着天空。"后来天则被认为是所有存在的永恒基础。

天则或天则之路被认为是天神战胜黑夜的道路,对崇拜者们来说,祈祷也被允许踏上这条正道只是一小步。这种情况下,我们常常疑惑究竟应该翻译成天则之路还是正确的道路。从这个角度,我们可以更好地理解天则,在表示笔直、正确、善之后,是如何演变成具有法则的含义的。《梨俱吠陀》第10卷第133首第6节写道:"'因陀罗',神呼喊着,'引领我们走上天则之路,或正确的道路,战胜一切邪恶。'"

无论如何,现在我们可以看到天则一词可能并且确实集合了多少种含义,由最初的路径演变成了运动、冲动、起源、性格、趋势、天赋、法则等概念。这些概念尽管存在分歧,却都汇聚到一个原始的概念,这个原始概念最初在天体运行、日夜交替、冬夏更迭中为人所感知,最终在法则的经验中,甚至是在统治世界和统治我们自身的法则制定者的经验中被感知。如果没有神话中的神祇,如阿格尼或因陀罗,那么神(the God),无论他是天(Tien)还是伐楼拿,就自然而然地成了法则或立法者。无论用词有多么不同,心理过程都是一样的。

总之,从吠陀梵语的 Rita 一词,我们可以清楚地看到印度种族的祖先不仅信仰自然界中显现的神力,而且他们的感官同样向他们提示了秩序和法则的概念,正如太阳和其他天体每日的运行轨迹、尽夜交替、四季更迭所揭示的那样。

现在,让我们来看看,是否可以通过与吠陀梵语的"天则"进行比较,使中国的"道"这一概念的起源变得可以理解,这一概念曾让众多中国学者困惑不已。天则和道一样,本身都是晦涩模糊的,却可以互相阐明;我们唯一必须记住的是,前者成长于印度的精神土壤,后者则是在中国的精神土壤中孕育的。

道不是针对个人存在的,虽然它有时非常接近这个意义,我们可以从诸如"道是无行、无思、无断、无智"的章节中收集到这一信息。当老子提到自然中的道,道指的仅仅只是自然的秩序。自然的道无疑是自然自发的生命和活动;它将混沌变为宇宙,代表自然界中可见的规律和秩序,在动植物的生长、季节的变化、星辰的运动、一切动物的出生死亡中都清晰可见。在所有这些现象中,这就是"道",一种与生俱来的力量,有时也颇似天命,只不过它并非人格化的神祇。如果水自身能形成稳定的水平面,在重力作用下就会尽可能地往更低处流,然后保持静止,这同样是水的道在起作用,即我们所说的水的固有性质、特性,或印度哲学家所说的自性(梵语 svabhava)。

自然中的道不再赘述。至于个人中的道,个人被认为是自然的一部分,它在所有自发的行动中显现出来,并且,如老子所言,没有原因和目的。如果个人的行为是出于情不自禁,那么他的行为就符合他的"道"。他遵从本性,随心所欲。如果内心没有任何计划和动机,那么道就可以自由运行。因而道家崇尚静笃,让道拥有完美的自由。实际上老子主张"慵懒和无为则没有什么事情是做不到的"。他补充道,万物在春天无声无息地生长,对生长不提任何要求,就完成了成长过程,没有表现出任何骄傲,从没主张过任何所有权就取得了结果。人也是这样,或者说应该是这样,保持绝对谦逊,从不强求,让"道"自由发挥。水也是一种谦逊的典范。它尽可能降低自己的水平,直到流向最低处。因此在 104 页我们读到:"大国者下流也,天下之牝。天下之交也,牝常以静胜牡。为其静也故宜为下。"①

在 52 页老子写道:"上善若水。水善利万物而不争,处众人之所恶,故几于道。"

老子说:"我有三宝,持而保之。一曰慈,二曰俭,三曰不敢为天下先。慈,故能勇;俭,故能广;不敢为天下先,故能成器长。"

这一切也许都是完全正确的;唯一的问题是,是否仅仅通过让"道"自由彰显,通过保持良好的本性而不自知,甚至如他在结论中所说的,通过爱我们的敌人,就可以实现。老子更进一步,主张通过这一途径,人可以获得"神

---

① 理雅各译:《道德经》。

秘的力量",可以变得神圣不可侵犯,享受免于所有危险,甚至是死亡风险的
自由。毒虫不叮咬他,野兽不攻击他,猛禽也不会啄他。这当然是纯粹的宿
命论,而且有鉴于此,"道"似乎可以翻译成拉丁文的 fatum(命运)。这也正
是道教徒出现大量迷信行为的原因了。他们没有认识到这些词的隐喻意
义,而是利用呼吸的象征手法和其他催眠法实践悬壶济世,甚至炼制长生不
老药。总之,对他们来说,死亡只是肉体的死亡,灵魂则是不朽的。11 世纪
的一位道士写道:"人的身体就像毛毛虫或蛇的表皮一样,只是为了短暂的
停留而占据它。随着表皮干燥,毛毛虫仍然活着,蛇皮腐烂消失后,蛇也仍
然活着。懂得永恒的人去分享道,他的肉身可能会消亡,但生命不会熄灭。"

　　以这种方式,如普通大众或圣人所宣称的,老子教义的外在和内在含义
便显示了出来。

　　虽然老子超出了我们最大胆的想象,我们还是不难想象,将道的教义应
用于政治社会的治理会产生何种风貌。政治生活伦理是孔子的主要兴趣所
在,虽然形式不同,老子的体系也是如此。孔子追溯远古时代,想象能够以
孝治国,老子则走得更远,他把"道"视作所有治理的真正原则。孔子也讲天
道,认为人人应该遵循天道。老子认为统治者和被统治者都应该无目的、不
强求,除了道家倡导的静笃和无私之外,事实上不从事任何活动。"一旦圣
人治理国家,他将寻求清空人民内心所有的欲望,填补他们的肚子,削弱他
们的抱负,并强健他们的骨骼。他会尽量让他们没有知识,反对所有知识的
进步,让他们摆脱所有欲望。"①几乎难以置信,但这是理雅各教授对《道德
经》的翻译,我相信他是绝对值得信任的。这变相地批判了孔子所宣扬的孝
道。只有当大道废弃不用,比道低劣得多的仁、义登场,随之是巧和智,最后
是伪善,此时孝道才被认为是治理国家所有缺陷的灵丹妙药。"六亲不和有
孝慈,国家昏乱有忠臣。"老子的话听起来像是对孔子的讽刺,但他重复了
自己的谴责,说:"故失道而后德,失德而后仁,失仁而后义,失义而后礼。夫
礼者,忠信之薄,而乱之首。"国家的每个成员都应该依照道行事,或者按本
性行事,这个道比德、仁、义、礼更好。老子认为知识也不例外。他认为不因
一个人才能卓越而重视他是使其免受纷争的方法;不珍视得不到的物品是
防止偷窃的方法;不展示追求激发欲望的东西的例子,是让其心灵远离混乱

---

　　①　此处为对理雅各《道德经》英文译文的转译,原文出自《道德经》第三章:"是以圣人之治,虚
其心,实其腹,弱其志,强其骨,常使民无知无欲。"——　译者注

的方法。

老子似乎相信，这样天堂般的国家曾经存在过，那里有统治者，但臣民只知道自己的存在。他们都说："我们就是我们自己。"统治者们重要的目标就是让臣民保持简单，人们只想知道古人是如何失去这样一个天堂的。知识似乎被认为是造成一切灾祸的主要原因。"民之难治，以其智多。故以智治国，国之贼；不以智治国，国之福。"由于这种观点，老子自然被视为敌视所有的知识，信奉无知之福祉。但是，不应该忘记，他所描述的政治制度应该是什么样，甚至曾经是什么样，只是一个乌托邦。我们也应该记得，在另一个天堂里，知识之树的果实也是禁果。我不能相信一个像老子这样天才的人会希望在现代国家恢复那种无知无邪的天堂似的状态，尽管千真万确在道教徒之中迷信愚昧比真正的知识更为盛行。但他确实长篇大论道："虽有舟舆，无所乘之，虽有甲兵，无所陈之。使民复结绳而用之。甘其食，美其服，安其居，乐其俗。"

《道德经》中还有很多关于道的力量和运作的内容有待发掘，但上述所说足以实现我们的目的了。在道教中，我们看到一套哲学和宗教相结合的体系，有时更像是哲学，有时则宗教的成分更多一些，虽然后来比儒家思想受到更多新传入的佛教体系的影响，但它纯粹是在中国的土地上萌芽出来的。道家和儒家都可以追溯到遥不可测的古代，也都毫不掩饰从古老民间风俗的宝藏或垃圾中汲取了看似有用的东西，这些风俗都是在老子和孔子的时代很久之前就积累起来的。了解现在的道士阶层和见证过其宗教仪式的人对道教的评价非常低，然而道教已经延续了 24 个世纪，曾经在中国教众极广，虽然现在信徒数量大大减少，但是在中国它仍是一种强大的元素，既可以为善，也可以为恶。作为一种历史现象，它值得历史学家仔细研究，哪怕只是告诉我们，一个由国家支持的宗教，是如何做到与其他宗教并肩发展的，而不会像我们在其他国家司空见惯的那样不停谩骂异端。在中国政府眼中，没有人是异端，除了那些令人憎恨的洋人；一名道士可能卑躬屈膝地从事着最卑微的宗教活动，而另一个则可以飞升到连最训练有素的基督教哲学家也不敢涉足的领域，他们也都不会咒骂对方为异教徒，而是努力践行着我们基督教的最高原则——爱我们的敌人，或者至少公正地对待彼此。

作者简介

弗雷德里赫·麦克斯·缪勒(Friedrich Max Muller,1823—1900) 旅居英国的德国宗教学家、语言学家、神话学家、梵文与印度学专家,西方比较宗教学的创始人。

陈硕 中国矿业大学外国语言文化学院、中国矿业大学国际汉学与比较文学研究中心讲师。

中国铁路战略:开封府—连云港线[①]

乔治·布朗逊·李亚　著　李琼霞　译

中德《胶澳租界条约》第一项规定明确了德国所要求的铁路和采矿特权:

"中国允准德国在山东建造铁路二道:其一由胶澳经过潍县、青州、博山、淄川、邹平等处往济南府及山东界;其二由胶澳往沂州及由此处经过莱芜县至济南府。其由济南府往山东界之一道,应俟铁路造至济南府后,始可开造,以便再商与中国自办干路相接。此后段铁路经过之处,应另立详细章程定明。"

第四项规定:"在山东省内如有开办各项事务,商定使用外国资本,则中国政府,亦或任何一位对此类事务有兴趣的中国人,应许先问德国商人愿否承办工程,售卖料物。如德商不愿承办此项工程及售卖料物,中国可任凭自便另办。"

正如《胶澳租界条约》中规定的那样,德国在中国拥有特权的铁路有两条,一是从青岛至山东省省会济南府;二是从胶澳到山东省边界,经沂州府北上莱芜县至济南府,这两条铁路在优势地段形成了一个完整的三角形。青岛—济南府一线已建成并在顺利运行中;三角形的内段还在施工,建成后,就会使得由德国修建的一部分铁路连通津浦铁路干线。从胶澳至峄县的外围

---

①　本文摘译自《中国铁路战略》(Railway Strategy in China)该文发表于《美国亚洲协会杂志》(*The Journal of the American Asiatic Association*)1910 年 9 月刊,第 238—241 页。

路段已经勘测完毕,并已编制了施工概算,但尚未尝试施工,施工权留待将来条件充分时使用。尽管《胶澳租界条约》已明确德国有权以德资修建从济南府至峄县或是至济宁府一线的铁路,并作为一条德国铁路运营,但是这一特权随后搁置于数场谈判之中。中德签署了《津浦铁路借款合同》,为了确保中国政府偿还贷款,德国银行家向中国交出了他们对这条铁路的所有权和经营权。

由于新建的铁路线经济南府延伸到了内地,青岛港口将会吸引更多贸易往来,所以德国当局一致展望了他们在青岛港口的美好未来。他们希望到那时,青岛港口将会成为天津和汉口的强大竞争港口。为了实现这一目标,德国人主张修建铁路,并致力于要求中国政府给予他们铁路特权。德国人建议将山东铁路的终点站,也就是济南府站,与京汉铁路相连,这就会为青岛的发展带来巨大的商业价值;另外,还建议开辟路线,连接山东省西北部的德州与京汉铁路线上的正定府。天津港承接着山西和直隶大部分地区的贸易,这么做就将青岛置于一个可与天津港相媲美的位置;又因天津一年里有四个月都处于冰天雪地之中,德国可利用青岛港口直接参与中国贸易竞争,青岛有望赶上甚至超过北京。

德国还计划建设一条类似的铁路线,这条路线从津浦铁路位于山东省西南部的某个站点出发,或许是滕州站,途经大运河上的济宁、曹州府,到达河南省省会开封府,并于开封府连接现有的汴洛铁路或开封府—河南府铁路。这条铁路计划向西延伸,经过潼关直达西安府,而未来某天,这条横跨亚洲的重要路线将会经过兰州府到达伊犁和喀什。这时,中国中部的贸易往来将会转移到青岛,尤其是山西地区的煤炭出口贸易。这两个计划,任何一个实现了都会极大地推动山东铁路的繁荣,并推动青岛港口的发展。因此,德国人展望遥远的未来,尽管目前仅有一条线路在运营,但是在修建铁路的过程中,德国人就将路基拓宽到足以容纳两条铁路。

中国否定了德国一方对修建这两条重要铁路的众多提案,但是约定如果需要向外国借款,中方将向德方申请。因此,尽管德国没有获得这些项目的特许权,它们也可能被当作是德国在华铁路拥有款项的范围内。鉴于我们已清晰概述了德国在发展这一部分铁路中的地位,现在可转而看看另一边的情况,这一边的情况对华中地区的铁路问题也有同样重要的影响。

英国福公司在其第 17 条条款中最先明确了采矿特权:

"各矿遇有修路、造桥、开浚河港,或须添造分支铁道接至干路或河口,以为转运该省煤铁与各种矿产处境者,均准福公司禀明河南巡抚自备款项修理,不请公款。"

这一条款是由英国福公司提出的,目的是要把修建从山西矿山通往潮水的铁路权让给他们。他们最初的计划是要垄断汉江的水运,并因此找了汉江通往长江的捷径。但是这样一来,矿山到长江浦口的距离就有350英里了,他们最后放弃了这一计划。尽管中国政府早已承认福公司拥有铁路特权,但是并未明确他们拥有特权的铁路范围,后来,他们的铁路特权又与中英公司特权结合在了一起,这就使得他们拥有了津浦铁路的南半部分,以及京汉铁路中还未施工的浦口—信阳线。尽管英国福公司放弃了修建矿山—浦口铁路计划,但是由于他们的铁路特权与中英公司的特权结合在了一起,新的计划线路会连接津浦铁路某个较北的站点。关于这一计划,还未有明确的指示。不过,为了避免与中英公司的已有特权相冲突,英国福公司也许会计划一条从矿山出发、在某个站点与津浦铁路相连的路线,这就要比浦口—信阳铁路项目更往北一些。这样一来,这条铁路线就会经过开封府,并于徐州府或徐州岸连接津浦铁路。显然,由于福公司仍很看重铁路权,中国政府总有一天要明确他们的铁路特权。已有福公司铁路,亦称为道清铁路,它的延长线路将会经过开封府,连接津浦铁路线上英国掌管的某一站点,这就使得河南和山西的贸易转移到了浦口的深水港口。这条线路会极大地削弱福公司浦口—信阳铁路特权的价值。由于开封府—滕州铁路延长路线会让青岛占据最有利可图的位置,并使得青岛能与其他城市争取相同地区的贸易往来,德国计划的成功无疑会威胁到这些有利可图的英国铁路线。因此显而易见,任何关于连接到京汉和津浦铁路的路线问题都对英国和德国的利益至关重要。未来青岛是否可成为重要的港口就在于德国是否能够向西延长其在山东省的铁路;而任何有利于的德国计划的行动又会影响到福公司和中英公司的权利。

无疑,中国政府清楚当前局势,并决心不让其恶化。首先,要关注中国自身利益,明白在中国全权管辖的北部海岸中,开放港口的问题关乎到政府的切身利益。这是因为中国已经失去了北部海岸所有重要港口的管辖权已成事实。上海作为中国重要的商业中心,已在一个国际理事会的管辖之下,而中央政府却无权过问关税;青岛受德国管辖,威海卫受大英帝国管辖,大连和亚瑟港(今旅顺——译者注)受日本管辖,仅有牛庄、天津和烟台仍由中国政府管辖。牛庄是一毫无用处的港口。牛庄所在之处，也就是现营口所在之处，80年前仍是一片汪洋大海，现在离辽河入海口有20英里的距离。辽湾土地流失速度惊人，使得辽河入海口处无一港口可长期作为贸易港口。另外，牛庄这一地区的辽河河域一年至少有四个月处于结冰状态，这使得所有的商业活动都受到限制，直至解冻；并且，也只有浅吃水式沿海船能进入这一小镇。

秦皇岛乃人造岛，一年四季无冰期，由开平矿务局掌管。天津本应为中国北部一个重要港口，却因与牛庄一致的缺点而造成发展备受阻碍，任何想要发展这一地区的计划都需花费大量资金，却毫无收益。海河给天津港口带来大量泥沙，需要经常疏浚才能保持浅吃水船通行无阻，而大型船必须停泊在离岸9至10英里的地方。这导致了天津作为一个港口城市，从未被纳入到推动帝国发展的计划内，也从未被作为争夺国家政治权的一部分。

接着就仅有烟台还有可能作为中国管辖内的重要港口。烟台港口虽有足够的水深，但北风呼啸，冬季里须有防浪堤才能保证航行安全。不过，尽管精心谋划、投入巨资，即使在最佳状态下，烟台港口仍仅能容纳非常有限的船只。自从开放青岛、建设山东铁路后，烟台作为贸易港的优势就大幅减少。曾经，山东省的贸易往来都流向烟台，现在却流向了青岛，而烟台港口的唯一希望就是修建一条铁路，将终点站放在现有山东铁路的某个站点。显然，这样的一条铁路会威胁到青岛的繁荣发展，也会分走德国铁路线上的贸易，进而损害德国人的利益，必会遭到德国人的反对。中国承建商多次努力集资想要修建烟台—潍县铁路，但迄今为止仍未成功。由于《胶澳租界条约》，中国要想利用外资推动山东省的发展，就必须求助于德国；又因山东省一旦发展起来就会威胁到德国的利益，德国拒绝提供财政援助也在预料之中。一旦德国拒绝，中国就可毫无约束地向其他国家求助，但中国这么做，无疑会导致问题的复杂化。中国甚至公开宣称德国当局决意反对修建这条铁路，并威胁道，要利用德国在北京的力量阻挠任何想要修建此条铁路的官员。显然，这一说法毫无依据，但无论真假，总会有人听信。修建铁路真正的困难不过就是中国自身筹集不到资金。只要《胶澳租界条约》仍有效，中国政府提议修建的铁路线就仅对沿线地区有利；而对于中国想要采取广泛的国家政策以推动帝国的发展而言，却是毫无用处的。总而言之，烟台永远都不会被纳入中国政府开发自主港口的计划之中。

中国本可以靠威海卫港口转移中部省份的大量贸易额,但这一港口已租给了大英帝国,不可能再作为中国的贸易港口使用,中国显然已经失去了北部海岸地区唯一真正有价值的港口。日本控制着满洲贸易出口的最佳港口,德国占据了青岛港口同时还控制着海上到中部大省的重要贸易路线。如果允许外国铁路项目全面发展,中国自然而然就永远无法控制任意一个合适的深水区基地,也永远无法实施自己的发展政策。

上述情况对中国而言,自然是至关重要的,但要谈论中国是如何应对这一情况的,会是十分有趣的。关于这一场战役,中国近期向世界宣布的行动方案堪称是有史以来最杰出的铁路政治战略。仅仅通过一条铁路线,就有效阻止了德国的计划,使得英国的权利无效,并且为自己新开了一个全权管辖的港口。大家普遍关注锦州—瑷珲铁路计划,显然忽视了中国这一举动的重要性。

据几个月前的报道,中国政府早已开放连云港港口。连云港港口坐落在江苏省的东北海岸,连接山东省的南部,迄今为止,并无多大的价值。然而,这份报道却未得到官方证实。采取这么一步的理由,现已昭然若揭。中国皇室同意修建从开封府至连云港的铁路,途经徐州府和清江浦(今淮安——译者注)。

1910 年 3 月 8 日,交通局奏请修建从河南开封府到江苏省北部海港连云港的铁路。

据奏章可知,中国政府一直都意识到这条铁路的重要性,并于去年春季派遣了检测师去检测计划开发的路段。由于这一计划可带来众多益处,检测结果倾向于应尽早开建铁路。

从开封到徐州有两条路线可供考虑。第一条路线经过陈留、杞县和砀山县;而另一条则经过兰封、考城和刘口,再沿着黄河的老路线抵达徐州。第二条路线也可称为北线,途径地区平坦,因此建设费用会少于另一条路线。不过,南线却连接着这一省份的繁华城镇,从地理和军事角度来看更为重要。从徐州到达连云港的备选路线有三条。第一条路线只需直接向东穿过沛州;第二条路线略弯曲,先向东南延伸至宿迁,然后向东北延伸至连云港;第三条路线经宿迁抵达镇江,然后向北抵连云港。这三条路线中,第一条路线最短,成本最低;徐州—镇江路段早已承包给了江苏铁路公司,所以第三条路线是最为推荐的。

铁路预估建设成本以及各站间距离如下:

	银两
开封—徐州,560 里	6 700 000
徐州—镇江(此路段由江苏铁路公司修建)	
镇江—连云港,250 里	3 000 000
至连云港海滩及港口的延长线路	2 800 000

除去上述列表外,还有一些小条款要包括在内,总费用将达到 14 000 000 两。相比于中国其他铁路的成本,这还算少的了。而这条路线未来的利润将仅次于京奉铁路和京汉铁路。

尽管中国政府强烈意识到必须尽快开工,目前却并不想向外借款,而仅靠中国自身集资,又绝非易事。京奉铁路和京汉铁路的多余利润都已被挪用到张家口—开化城铁路、吉林长春铁路、正太铁路、道清铁路①、汴洛铁路和上海—宁波铁路的修建;而其他的经济来源都不够用于偿还 14 000 000 两的新外债。中国政府打算花费几年的时间修建铁路,这样一来,每年能筹集到的资金可先用于重要路段的修建。这么做也有助于这一帝国避免过多的财政压力。

扫一眼地图就可发现这一条铁路规划在德国的山东省特权区域外,因此德国人提出的异议就不会占多大优势,而且还可以将德国计划的兖州—开封府铁路一军。从地图中还可发现这一条铁路从开封府出发,可于徐州府连接津浦铁路,这就使得福公司没必要在同个方向延长它的路线了。从某种程度上,它还降低了浦口—信阳铁路计划的重要性。

事实上,这条铁路就是现有汴洛铁路的一条延长路线,建成后还会在东部地区分担到达伊犁和喀什的亚洲大铁路干线客流。从伊犁、喀什等区域流出的大量贸易和由纵横交错的铁路线所承担的部分贸易将会转移到连云港这一新兴的港口。由于这几条铁路都归中国政府所有、归中国政府运营,中国政府就可征收联运运费,这就给新的铁路线带来收入,也可以推动新港口的发展。如若仔细思量连云港的未来,德国想要打造一个更强大青岛的梦想多多少少会受到打击。

从军事和商业角度来看,中国认为这条铁路会带来众多利处的说法自然是合理的。事实上,中国并没有侵犯到条约上赋予他国的权利,因此并不需要解释自己修建这条铁路的理由。在中国,这条铁路经过的地区仍相对

---

① 原文为 Taa-Ching,但据查相关史料,此处应为"道清铁路"。——译者注

荒凉，经常遭受周期性的洪涝灾害，给农作物造成了巨大的损失，并引发了饥荒和瘟疫。连云港近期报道饥荒再次降临，上千人死于饥饿与疾病。1906 年 7 月的那场大饥荒似乎又迫在眉睫，省政府都已开始采取救济措施。提议修建的这条铁路将帮助政府于未来改善这些状况，还可以给上千可怜人提供工作岗位，让他们免于饿死。所以，政治的力量加之人道主义的力量，将会引领中国政府修建这条新铁路。

仔细研究地图，就会发现中国这一行动的意义之一：从镇江北上连云港，先经大运河到达清江浦，路程大约 90 英里；再从清江浦通过这条新铁路或是盐河到达连云港港口，路程大约是 80 英里，总路程 170 英里。而从镇江穿过吴淞到上海总共大约 160 英里，实际上是一样的。这就真的把连云港置于一个可与上海相争长江流域航运贸易的位置了。长江流域的航运贸易用于出口产品，并且量还不小。

中国已采取行动要遏制大英帝国和德国。游戏已开始，规则公平，毫无掩藏。整个世界正在饶有兴致地等待着大英帝国和德国要夺回失地的下一步行动。

编者按——雷先生在前言中已写过，接下来的几个段落均摘自于中国报纸上的段落，用于指出：若不是为了防止英国和德国获取大量利润，中国也不会修建此条铁路。锦州—瑷珲铁路所适用的原则对于开封—连云港铁路也同样适用。

选自《字林西报》，1910 年 5 月 12 日：
"据报道，美利坚合众国和中英公司将会分别提供 1 800 000 两和 10 000 000 两的贷款用于修建开封府—常州铁路。"

选自《字林西报》，1910 年 5 月 13 日：
"邮传部正在和福公司谈判，商谈借款 20 000 000 两修建开封府到济南府的铁路。但由于邮传部拒绝福公司提出要将此条铁路作为抵押的要求，谈判尚未达成。"

选自《字林西报》，1910 年 5 月 14 日：
"一家报社称，由于法国有意投资徐州—连云港铁路，所以德国以这一做法损害了德国利益为由反对修建徐州—连云港铁路。"

1910 年 4 月 26 日，大连的日本报纸发布了以下电报：

"中美联合企业同意贷款 18 000 000 两修建开封—连云港铁路。"

由于日本有特殊渠道可以确保从北京内部运作中得到准确消息，因此，尽管发布电报的日期远早于他国电报，仍可认为他们 4 月 26 日的报道是可靠的。如果 12 日的新闻也是真的，就可说明英国也有意参与这一铁路项目。从 13 日的新闻中可以得知，德国意识到这条铁路会对其产生威胁，于是又提出了其一直以来都颇为重视的开封—济南府铁路计划，并以此打消中国这一计划。从 14 日的新闻可以得知，尽管计划修建的铁路在德国的铁路势力范围之外，德国还是反对在山东省使用任何外资。

作者简介

乔治·布朗逊·李亚（George Bronson Rea） 美国人，机械工程师出身，1904 年在菲律宾马尼拉创办英文杂志《远东评论》（*Far Eastern Review*），1912 年将该杂志迁至上海发行。李亚曾任中华民国铁路督办。后以美国武官身份赴西班牙从事情报收集和美国公共信息委员会（Committee of Public Information）的宣传工作。

李琼霞 中国矿业大学外国语言文化学院讲师。

论汉语书面文字的优势①

约翰·德庇时　著　何暄　译

　　17 年前,作为语言学学会的创始会员,我有幸于 1843 年在论文集卷 I 为本会撰写了一篇题为《汉语 214 偏旁部首②》的论文。正如我在论文中论述的,偏旁参与汉字的构成,并影响汉语中每个字的意义。根据我之前所作的分析,巧妙地把这些基本的偏旁按照哲学的方式组合起来,就可以把人们在知识启蒙时期所遇到的主要事物或思想表达出来;采用类似的方式,自然

---

　　① 本文原题为 On Certain Peculiar and Advantageous Properties of the Written Language of China,发表于 *Transactions of the Philological Society*,Volume 7,Issue 1,(1860 年)。

　　② 译者基于三点考虑将文中"root"译为"偏旁部首""偏旁"或者"部首"。(1) 汉语并非形态语言,所谓"词根"并不像在英文中那么发达。(2) 原文作者认为,汉语中的"root"可以作为查字典的索引,还可以与其他成分一起构成新的汉字,并影响汉字的意义。而且原文作者提出这两点之后列举多个典型例子,也就是说,"root"既是合体字的构字部件,也表明该字含义(对应汉字"偏旁"功能),又是字典中汉字归类检索的工具(对应汉字"部首"功能),因此,文中所述"root"并非英语意义上的"词根",而对应汉语的"偏旁部首""偏旁"或者"部首",原文作者将"偏旁"和"部首"合为一个单词"root"了。(3) 关于汉字部首,最早使用者是东汉的许慎,他在《说文解字》中把汉字分为 540 个部首;后人把许慎的部首进行简化,明代《正字通》简化为 214 个部首,《康熙字典》沿用 214 个部首;《现代汉语词典》有 201 个部首,旧版《新华字典》有 189 个部首,最新版《新华字典》改为 201 个部首。本文首次发表于 1860 年,介绍 214 个汉字的"root",应是受到当时通行的《康熙字典》214 个部首的影响,这进一步佐证文中"214 roots"指的应该是当时《康熙字典》中的"214 个部首"。综合以上三点考虑,为了避免误解,译文中"root"均根据其具体讨论对象分别灵活翻译为"偏旁部首""偏旁"或者"部首"。相应的,文中不同偏旁组合而成的"compound",也都译为汉字中的"合体字",而非英语当中的"复合词"。

能够把其他所有事物和思想都表达出来。汉语偏旁造字法比其他语言随意创造新字的方法要高明许多,因为它能生发出一个无比复杂的文字海洋,任何人类的智力水平都难以企及!

然而,这是许多人对汉语的偏见。这一看法错误地夸大了掌握汉语的难度,与此同时,他们又忽视了表意文字系统所具有的极大独创性。正是这种独创性,使得表意文字系统变得相对简单和容易习得。除了相对简单和容易习得,汉字还有其他优势。逐个考察"偏旁部首"的三种不同用途,将极大凸显汉字体系的优势。首先,汉语字典编撰和查阅依赖独立的部首提供位置索引。其次,偏旁组合可以构成合体字并表达意义。再次,部首构成不同种属的大类"部首"的首字,汉语中所有其他文字都像物种一样排列在大类"部首"首字之后。

(1)诚然,汉语的偏旁部首不是字母,因为汉语不是表音文字,而是表意文字;然而在字典中,汉语部首对应欧洲字母的功能。在欧洲的字母表中,字母的排列顺序似乎是完全随意的。为什么字母 Z 不是英语字母表的第一个字母,A 不是最后一个字母?又如在希腊语中,为什么"omega"不能表示"开始","alpha"不表示"结束"①?这些并没有什么必然的理由。但汉语部首的排列是有充分依据的,它们严格按照每个部首的笔画数编排。西方字母表中字母数量有限,比如法语字母表,因此它们可以随意排列,我们很容易就能记住。虽然汉语部首数量达英语表音字母②的八倍之多,但是部首笔画数分类法大大降低了数量庞大造成的难度。用上述方法在汉语字典里查找汉字和英语查词一样方便快捷。在汉语字典中,从部首本身到部首后面排列的汉字都是按照笔画数量分类扩展编排。不同语言字典编排和检索的方式是类似的,汉语字典根据笔画数量从部首本身到部首后面排列的汉字来扩展编排,西方词典则根据每个单词内的字母排列顺序,从字母本身到字母后面排列的单词扩展编排。在汉语字典中,翻到部首,数好汉字除了部首之外的笔画数,你就能在部首后面定位该字的位置。比如,要查"铜"字,在查字典之前,查阅者一眼就能看到这个字是"金"字旁,表示"金属",加上余下的六个笔画,就很容易找到部首"金"后"铜"字所在的地方。

---

① 希腊字母表中,"omega"是最后一个字母,"alpha"是第一个字母。——译者注

② 部分学者认为,英语是表音文字,其拼写反映语音,而汉语是表意文字,书写指示含义,原文作者无疑也持这一态度。但是,如今不同学者对此持不同观点。——译者注

（2）如果从未见过某个英语单词，单从拼写是无法了解这个单词含义的。比如，第一个字母"m"或者第一个音节"man"，并不能推断出"manacle"这个单词的含义。① 但是对于中国人来说，如果某个汉字包含偏旁"人"（或带有其形旁"亻"），他就会知道这个字和"人"有某种关联，这一关联使他马上就能理解该字的含义，并记住这个字。相比较于不那么直接的表音文字，汉字可以通过字形迅速传达意义，能够在人的头脑中产生更生动的影响。正如贺拉斯认为的，眼见比耳听能够更深刻地作用于大脑。因此，记住 214 个汉字部首不是很难，而记住一个包含 214 个表音元素的字母表（如果这是必要的，甚至是可能的）就不太容易。起初，中国人对西方字母没有概念。用一个小学童的话来说，他只看到页面上一直重复出现 S 形笔画和弯钩笔画；得知我们总共只有 26 个字母，他很惊讶；如果继续学习这些字母，他之前建立的汉语体系就完全被颠覆了。对他来说，"首要任务"是学习汉字的读音，而不是意义。他在母语中学到，偏旁"日"意味着"太阳"，偏旁"月"指"月亮"，因为这些偏旁可以表征真实或想象的对象，他很轻松就记住了这些字。他进一步习得，这两个偏旁的组合构成"明"字，意为"明亮的""开明的"，二者存在显而易见的关联，他就掌握了这个字。这在一定程度上弥补了多达 214 个表意元素而非 26 个表音元素的不足。我并不是想证明他们的体系比我们的好，他们的体系肯定不比我们好，甚至和我们的体系有一定差距；我只是希望表明，汉语并不像人们想象的那么难学。

上述汉语特殊优势使它成为一种通用文字，不仅 3 亿中国人使用它，而且也通用于日本、安南、朝鲜半岛和越南北部东京地区②，事实上其使用者几乎占到人类总数的一半。1847 年，我率领女王陛下的两艘船舰前往土伦（如今法国人在那里已经打了两年仗）③，试图缔结一项商业条约。在那里，我发现即使一个口语音节都听不懂，我也能像在中国一样，与政府官员无障碍书面沟通。

（3）现在我们来详细考察偏旁部首的第三个作用，也是最有趣的作用，

---

① 英语单词"manacle"意为"手铐""束缚"，man 表示"人"。部分字母或字母组合与整体词义不存在明显关联。——译者注

② Tungking 为越南北部一地区旧称，等于 Tonkin，并非日本首都东京。——译者注

③ Tulon 即越南岘港，在法属印度支那时期，岘港被称作土伦，是越南的第三大城市（仅次于西贡市和河内市）。法越战争从 1858 到 1883 年，法国为对越南进行殖民统治，对越南连续发动三次侵略战争，获取了对越南的"保护权"。——译者注

即作为部首首字,所有的合体字都像物种归类一样排列其后。我之前撰写过一篇关于"语言最初形成"的论文,文中引用了亚当·史密斯的观点,即实体名词的确立可能是第一步,这些名词包括自然界最主要的事物,这些事物与人类及其需求存在这样或那样的关联,稍加考察文字汉语偏旁就能很好地证明这一点。汉语中数量最多的合体字里,排名最靠前的偏旁是鱼、鸟、虫、树、粮、竹、草、金、土、山、日、水、火等,它们大多数是自然界或早期艺术中最突出的事物名称。正如所料,汉语中偏旁"竹"和"丝"构成不少合体字;就构字能力而言,偏旁"人"自然名列前茅。

构成合体字的关联规则通常显而易见,这些关联有时候是人类心理活动或思维活动的有趣映现。偏旁"人"与"一"结合,表示"独自""废弃";与"千"字结合,指"千夫长";与"百"结合,指"百夫长";与"白"结合,指"年长者"("老伯",是对年长者的常见称呼);与"田"结合,指"农夫";与"屯"(指村庄)结合,表示"乡下的""粗野无知的"。[①] 偏旁"大"加上"弓"构成"夷"字,指"野蛮人",在中国,该字的使用容易引发诸多麻烦和争论。然而,从词源意义上,英语构词方式体现出优势,因为在这个字上,汉语偏旁构字法只能固化在"弓"上,而我们却可以发展为"枪",因此,后续论文会要求汉语为此创造一个新的汉字。

我们注意到,偏旁"心"构成的汉字比其他大部分偏旁都要多。于我们而言,"心"是"钟爱"或"情感"所在,但对他们来说,"心"也是"才智"所在。偏旁"心"与偏旁"下"结合,字面意思是"无精打采的";与"刀"结合,意味着"悲痛";与"生"结合,表示"自然""出生",意味着"天性";与"耳"结合,指"良心""羞耻感"。[②] 因此汉语用一个字就表达了我们短语"良心的低语"所含之意。

关于自然三界的分类,我们在部首"豕"后发现有"象"字,而"大象"作为厚皮类动物的一种,这一分类无可厚非。然而,也有不少合体字与部首关联性不大,其分类值得商榷。比如,"犀"字排列在新部首"牜"后面,"狼"和"狐"都排列在部首"犬"后面,这一分类未尝不可;但令人费解的是,"猿"字

---

① "人"与"一"结合,构成"亼",念 jí,同"集",作者此处误解意为"独自";"人"与"千"构成"仟"字,指"一千人的指挥官";"人"与"白"结合,构成"伯"字;"人"与"田"结合,构成"佃"字;"人"与"屯"结合,构成"伅"字,念"dùn"。——译者注

② 以上例子分别构成汉字"忝""切""性""耻"。——译者注

和"狮"字也都排列在部首"犬"后面。①

表征植物的汉字中，存在少数本身即部首的情况，典型例子如"米"和"竹"。除此之外，大部分排列在部首"木"（指"树木"）和"艸"（指"草本"）后面。前者不仅指所有树种，还指由木材制成或与木材相关的所有事物；后者指所有草本植物和非木本蔬菜产品。谷物，以他们的重要性，被排列在另一部首"禾"后面。偏旁赋予合体字基本意义，进而传达比喻意。因此，偏旁"禾"（指"谷物"）结合"火"（指"火热"），意味着"秋天"；"冬"，指"冬天"，区分特征为"冰"，指"冷冰冰""冰冷"；"日"字底体现了"春"字的含义。如果英汉词典总能指出汉字构成与字义之间的关联，则不仅能阐明字义，而且对检索者记忆汉字也大有裨益，可惜这一工作通常被留给检索人自己完成。

与矿石有关的汉字主要排列在部首"土"（指"泥土"）和"金"（指"金属"）后面，这些偏旁也构成与这些材料有关的器具和事物的名称。中国历史上很可能出现过一位具有哲学思想的化学家，他先于自己的同胞，把所有含碱物质排列在部首"土"后面，把基本金属元素排列在部首"金"后面。但是，在给新鲜外来事物指定用词时，他们通常在相似或有关联的本土事物名称前加上"洋"字，表示"外来的"。

令人惊奇的是，作为一种构成方式如此与众不同的语言，汉语竟然与其他语言有如此多的共通之处。例如，正如我很久以前在另一篇文章中所指出的，汉语诗歌体系也包含诗节与音步；汉语诗歌中同样存在规律性停顿；汉语诗歌也使用尾韵；汉语诗歌同样存在对仗，洛斯主教（Bishop Lowth②）在探讨希伯来诗歌时也注意到这一特性，他在一篇与此有关的论文中特别详细地阐述了对仗。

19世纪之前，英国人对汉语知之甚少，甚或一无所知；但是19世纪初叶已经出现了一系列字典、语法书籍，为汉语学习提供大量的帮助。除广州之外又有众多新贸易窗口开放，加上外交部的倡导，涌现出一批才华横溢且造诣深厚的语言学家。日本的开放也进一步激发了人们对汉语学习的热情，汉字部首已演化成日语片假名，尽管片假名与汉语完全不同，但是汉字仍然是日本推崇备至的高级文学载体。

---

① 按照科学分类，"猿"应该在灵长目人猿总科，"狮"应该属于食肉目猫科。——译者注

② Robert Lowth（1710—1787），1777年被任命为英国教会伦敦主教，文学学者，著有《希伯来圣诗讲演集》。——译者注

作者简介

约翰·德庇时（Sir John Francis Davis, 1st Baronet K.C.B. 1795—1890） 第一代准男爵，骑士指挥官，英国外交官，汉学家，1844—1848 年出任第二任香港总督，也是英国皇家亚洲学会香港分会第一任主席。

何暄 中国矿业大学外国语言文化学院、中国矿业大学国际汉学与比较文学研究中心副教授。

汉代护甲(节选)①

劳佛　著　崔玮东　陈泫邑　译

"盖闻圣主之养民也,仁沾而恩洽,动不为身。"

——《汉书·扬雄传》

　　汉代画像石对护甲鲜有说明,但有时在战斗的骑兵身上,也会看到手工艺者们雕刻的护甲。但这样的画像石体现不出来护甲的质地,所以这种材料也几乎没有参考价值。② 这些石碑上唯一一个勾勒清晰的护甲是一块盾牌,或为圆盾,通常与剑同时并持使用。形状为矩形,中心部分突出,内侧凹陷,持有者可以手握此处,上下边缘中部有缺口。这是一个便于移动的防护盾,保护左臂的同时还能抵抗击打。③

　　值得注意的是,汉碑上刻的许多士兵还会右手握盾,左手挥剑。我猜想,战士们在疲惫不堪时,两手武器便交换使用,如图25中的左手持盾者和

---

　　① 本文对中国古代事件、人物的纪年多有与权威文献不一致处,为尊重原文,让读者更真实地了解国外学者研究中国的状态,译者未作更正及注解。

　　② 沙畹(M.Chavannes)在作品《北中国考古图录》(*Mission archeologique dans la Chine septentrionale*)第一卷第一部分《两汉时代之画像石》(*La sculpture a l'epoque des Han*)第39页(巴黎,1913年)中说,研究浮雕上的服装和装饰品是有难度的。在孝堂山的一块石头上,沙畹(第82页)辨认出一些身穿铁甲的士兵。但只知道是兽甲。这些士兵像是胡人,而且很可能是匈奴人(匈奴人,常称为胡人)。讲到匈奴人的战术时,我们再回过来讨论下面的石碑。

　　③ 见沙畹《北中国考古图录》,131、136号。

图 26 中右手持盾者所示。驾驭战车作战的士兵也用了同样的盾牌。

图 25　左手持盾者（汉浮雕仿绘）

图 26　右手持盾者（汉浮雕仿绘）

另一种盾更大,更凸,呈穹顶状,上面有像树木一样的装饰,它能护住一个人的头和上身(图27)。①

图 27　持方盾的汉朝士兵

(仿绘自《北中国考古图录》,190 号)

在"桥上之战"中②,一张战场搏杀的图生动地说明了在近距离搏斗中盾牌的使用方式。在图中,一名将领乘战车过桥时,在用剑抵御强弩攻击,

---

① 见沙畹:《北中国考古图录》,190 号。沙畹(《两汉时代之画像石》,第 251 页)指出,这个盾由藤条制成,毫无疑问,那时在中国仍然有藤盾;但这些呈圆状,几乎是半球形的,按编花篮的方法编织。现在的这个盾是方形,非藤条编织。它很有可能是木制的,外覆兽皮,上有装饰。针对藤盾的描述和说明居多(阿莫依特(Amiot),《中国记忆》(*Memoires concernant les Chinois*),第 7 卷,第 371 页,第三版,图 10 和 11;德基涅(de Guignes),《北京旅行》(*Voyages a Peking*),第 3 卷,第 20 页;《斯当东大使地图集》(*Atlas of Staunton's Embassy*),第 17 和第 19 版、第 5 号等)。1901 年在北京,我偶然看到这些剑客使用的盾,并为纽约的美国博物馆采购了两个带虎头的盾。一般来说,那些研究中国的人认为藤条盾是最近发明出来的,而最初的盾是兽皮覆木的(见《皇朝礼器图式》,第 15 章,第 21 页。最早的相关记载是在戚继光 1566 年写的《纪效新书》,之后就是 1621 年茅元仪写的《武备志》)。我能追溯到的最早记载藤条盾的文献是《练兵实纪》(《守山阁丛书》,第 52 卷,第 5 章,第 5 页),写于 1568 年[伟烈亚力(Wylie),《中国文献录》(Notes),第 19 页]。只从其形状判断,上面提到的、桥尾握在士兵手里的圆盾是藤条盾。但我大胆猜测这其实是汉朝时期才有的。这个盾也有可能是由木头或兽皮制成的(比较图 28、30)。后来,满族军队正式引入绘有虎头的藤条盾。满军统一身着黄色棉质短夹,黑条纹代替了虎皮纹,保留了相同设计的裤装和长靴,以及虎头兜帽。(见《皇朝礼器图式》,第 13 章,第 49—50 页;盾牌图案及说明在第 15 章,第 21 页)

② 沙畹:《北中国考古图录》,136 号。

因为他的盾已经被十字弓给掀翻了,还有一个步兵用长矛攻击他的战马。

这里我们可以看到,桥尾士兵左手持的是另一种圆盾(图28)。很难判断其材质,然而可以肯定的是,汉碑上刻有三种不同类型的盾牌。[①]

图28　持圆盾的汉朝士兵
(仿绘汉代浮雕"桥上之战")

这三种汉代盾牌,第一种可能是那个时期特有的,之后就销声匿迹了,不仅没有出现在军事文献中,连明清风靡一时的盾牌绘本中也无迹可寻,这与其余两种的情况不同。军事领域的最高权威是茅元仪,1621年,他的作品《武备志》(80卷)(伟烈亚力未记载)出版。这是该领域的集大成之作,也是记载最详尽的一本书。《古今图书集成》中的相关阐述都源于此,引用时作者标注的是茅子。根据其更早的作品《吴子》(军事经典)来看,他将盾牌划分成两种主要类型——步兵的长盾(图29)和骑兵的圆盾(图30)。长盾完全由木头制成,一人高,能完全遮住身体。立在地上,可以形成护栏、壁垒。[②] 圆盾也是木制的,但外覆兽皮。骑兵左手持盾,用两条肩带固定着,抵御箭矢攻击,而右手挥舞短剑。[③] 茅元仪认为这种盾其实是个累赘,没什么防护作用。而这又是骑兵特有的,可以判定,是汉代骑兵为了马下作战时

① 沙畹:《两汉时代之画像石》,第37页。
② 同种盾的图案及描述引自西博尔德博士(F.v.Siebold)(日本,2d ed,第1卷,第336—337页)。
③ 柯尔克孜骑兵穿着木制的护腿甲,左肩负圆盾,以抵御刀和箭的攻击。(《唐书》,第217b章,第8页)

配备的。有记载的例证可以证明,在关键时刻,士兵会下马步行前进,拿剑近身搏斗。①

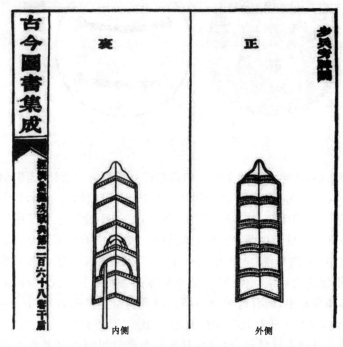

图 29　步兵长盾
(《古今图书集成》)

沙畹编辑并翻译有关突厥的简牍文献,从中我们可以了解到汉军使用的盾牌是红色的。也就是说,这些木制盾牌,外涂红漆,以保护其可以免受雨水的影响。它们由河南省南阳官方军械库生产②,很可能下边缘还装饰着鸽尾图案。简牍中用的是"盾"一词,与"矛"相对。

---

①　比较决定项羽命运的垓下之战,第 7 章。[沙畹:《司马迁史记》(Les Memoires historiques de Se-ma Ts'ien),第 2 卷,第 318—320 页]

②　汉代将军时常穿盔甲带盾牌似乎是惯例。我们了解到,周亚夫将军的儿子从军械库的一位官员那里买了胸甲和圆盾(戴遂良,《历史文本》,第 448 页),用以将来给父亲作陪葬,但却让父亲受到了众人弹劾,最后自杀身亡。然而,其实他违律之处在于私购国家财产,而不是陪葬本身,弹劾众多,也是因为皇帝想要让老将倒台。四世纪崔豹所著的《古今注》讲述了在新朝统治的第三年(公元 78 年),人们在丹阳(安徽省)的古墓里挖到一块盔甲,是一块胸甲(铠)。

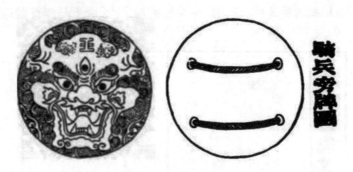

图 30   骑兵圆盾（内外侧）

在导语中,沙畹对早期文献中的信息进行了不错的总结,还生动地描绘了汉朝士兵的边防生活。[1] 他引用了一些唐代诗歌佳作,倾听士兵内心的想法,赋予了他们生命力。还有其他同时期的文献,也让我们了解了勇敢的汉朝边防官兵的感情生活。沙畹简洁叙述了瞭望塔的功用。瞭望塔一般沿着边境建造,平均每隔 30 里建造一座,敌军来临时,就燃烽烟示警。打仗时,驻扎塔楼的士兵常须保持警惕。[2] 根据中国可靠资料显示,甘肃省出土的汉代墓葬陶器中,就有这种瞭望塔的微观模型。烽火台在明朝时仍然存在,15 世纪,波斯人还对此有详细的记载(图 31)。[3]

似乎可以得出这样一个结论:对于那些报效祖国的著名将领和光荣牺牲的士兵来说,以这种陶器当陪葬品,是他们作为军人可贵的象征。第十九图版上是一个绿釉模型——一个底部为圆形的三层烽火台:在两个护墙和塔顶上,哨兵们正拉弓齐齐射向行进的侦察兵们[4]。在这里,我们激动地发现在汉朝对匈奴的作战中,这些英雄们的勇敢无畏,他们的情操因李白的诗而永垂不朽。这个黏土模型呈金字塔状,结构优美,还有支撑护栏的木梁,

---

[1]   我只能加入霍普金斯先生(L.C.Hopkins)的团队[《阿·苏克皇家杂志》(*Journal Royal As.Soc*),1914,第 475 页],希望更方便地获取这篇文章中的素材。也许皇家亚洲学会可能会在另外一期中出版英文译本。

[2]   举一个例子,在 108 年,一支由一万多人组成的军队(藏语:Kiang)袭击了甘肃甘州府附近的瞭望塔,杀害并俘虏了那里的官兵和家眷[沙畹,《通报》(Toung Pao),1906 年,第 257 页]。

[3]   见布雷茨德(Bretschneider):《中国评论》(*China Review*),第 5 卷,第 34 页。

[4]   这件美丽的汉陶是底特律的查尔斯·弗里尔(Charles L.Freer)先生的收藏,我很感激这张照片能够出版。早在 70 年代,弗里尔先生就收购了这件陶器,这是第一件出土的汉陶,大概也是第一个走出中国的陶器。

图 31　明代军事烽火台
（《练兵实纪》1588）

生动而独特地展现了汉朝文化。

　　这种陶制烽火台模型有些也不太精致。博物馆收藏①中，有一层楼，正墙上有一扇门，其余三面是高雅的格子窗。另一个模型②代表城墙的一部分，有顶，角落是一座方形塔楼，有楼梯直通上方。

　　关于汉军护甲最重要的一点是，在这一时期，金属制甲逐渐普及。为了好界定，我们看到了一个新词"铠"（5798 号），使用了"金"（铜③或金属）字旁，但一般不会出现在古代的规范文本中。从《说文解字》（约公元 100 年）中，我们发现盔甲发展得更加完善了，有金属头盔（兜鍪），护腕（釬）④和护

---

　　①　分类号：第 1 号；18,489；27.5 厘米高，青釉分解出氧化银。

　　②　分类号：第 120 号和第 901 号；灰黏土，无釉；出土于河南郑州，由为京汉铁路服务的物理学家巴肯斯（Buckens）博士发掘。

　　③　"铜"可能是原意，但以前被认为是"黄金"。《周礼》中，绝大多数情况下，金特指黄金（"黄色金属"）。

　　④　翟理斯（Giles）（3791 号）翻译为"护胫甲；保护士兵的腿部"，当然也是正确的；但这个词在《说文解字》中是"臂甲"，也就是护臂。

项（錏鍜）①。古文字"釬"（第 175 页）也与偏旁"金"（第 3816 号）有关，还有一个全新的词"鍱"（No.12,996），由"叶"（"叶子"）和偏旁"金"组成，表示盔甲的一部分，即金属薄片（字面意义"金属叶"）。这一切可以证明，在周朝之后，发明创新有了长足发展，而无疑盔甲的整个制作方法和技术的彻底改变发生在汉朝。《周礼》学者郑康成生活在公元 2 世纪，他说，周朝②时期，古人用兽皮制作盔甲（铠），但是公元 2 世纪用的是金属，名曰"铠"。那这种新式盔甲使用的是哪种金属？哪种盔甲是其代表呢？

鍱
鍱也从金集
聲泰入切

釬
臂鎧也从金
干聲矦旰切

錏
錏頸鎧也从金
鍜亞聲烏牙切

对于这个问题，必须提到仲长统，他生活在公元 3 世纪初，是《汉书·艺文志》③的编撰者。《演繁露》④中写道："仲长统昌言云，古者以兵车战而甲无铁札之制，今诚以革甲当强弩，亦必丧师亡国也，按此即后汉时甲有铁札

----

① 见顾赛芬（Couvreur），《汉法小字典》（*Dictionnaire chinois-francais*），第 115 页 b［帕拉第乌斯（Palladius），《中俄字典》（*Chinese-Russian Dictionary*）］，比较对应的中文文本。

② 比奥（*E.Biot*），《周礼》，第 2 卷，第 152 页。

③ 伟烈亚力，《中国文献录》，第 156 页；戴遂良，《道教》第 1 卷，《总目录》，184 页，1159 号。

④ 1175 年成书，程大昌著（伟烈亚力，《中国文献录》，第 160 页），《唐宋丛书》翻印出版。

矣,未知前汉如何。"这里清楚地表示,铁甲是在汉朝后期问世的,而"铁层"[①]的表述也无疑说明盔甲是由铁片组成的。

在这方面,如果研究引用来源的价值和时间,那么在另一本书中列入的一项描述(第 41 页,第 1 页 b)会引起人们的兴趣。孔子第二十世孙——孔融的一部名为《肉刑论》的作品中有提及。据翟理斯[②]记载,孔融于公元 208 年逝世。我不大了解这项工作,伯希和在对《中国法律》[③]的文献考察中,没有提到它。当前必须知道这项工作确切的完成时间,因为作者着力强调同一时期,而且得确定相关段落是否真的出现在原文中。可是现在没办法做到,只能给出现有的全部记载,大意是古代圣人以犀牛皮制作盔甲,而汉朝有铁甲。

事实上,"铠"这个词,以及它所指代的新型护甲,实际上应用于汉朝,在突厥东部出土了同时期木片,这些木片由沙畹[④]编辑并翻译。显然,正如前面提到的,上面首次发现"铠"这个词出现在两个木制文件上(758 号、794号)。而古文字"甲"在另外三种情况下保存下来。因此,在汉代中国边疆守军中,两种类型都有使用。正如中国学者明确说过的,"铠"与"甲"在加固金属片时,本质上有所不同。铠的基础部分包括羽毛或皮革。沙畹的第 794号文件中这样描述:"四件兽皮,分成前后半身两等份,做成两套铠甲"。"两等份"应该指的是两大块分别覆盖胸部和背部的兽皮。

金属头盔可能出现在汉朝或是晋朝(175 页),随着金属盔甲发展而来。头鍪取代了早前的盔瓣(图 32、图 33)。上面提到的金属头盔,也就是头鍪,

---

① "札"一字(第 127 号)是指在纸张发明之前,用于书写和统一成捆书籍的木片或竹片。研究中亚的文化后,我们熟悉了这些木制文件的形式。与用于制造盔甲的铁片,确实形状非常相似;因此,移用后者名称也就很容易理解了。将"札"译为"兽皮和金属片做成的盔甲";帕拉第乌斯在他的著作《中俄字典》(第 2 卷,第 379 页)中译为"鱼鳞甲",而翟理斯命名为"一层"以及"许多的甲"。《左传》和《韩诗外传》(见《佩文韵府》,第 97 章,第 6 页)记载,"札"就是几层兽甲,但如上所说,通常指的是兽甲上的鳞片。孔颖达(第 574—648 页)也这样认为,在他的著作《尚书正义》中,对"鍱"(12,996 号)一字下了定义——"藏之於匣,缄之以金";铠甲金属层与周朝时期《考工记》中名为"札"的一样。但"札"一字并未出现在《周礼》中,只是相关述评有记载。同义,《康熙字典》将"札"定义为甲鍱,也就是说"盔甲叶"是铁片,藏于铠甲内层。

② 《古今姓氏族谱》(*Biographical Dictionary*),第 401 页。

③ 《中国法律》(Le droit chinois)[《法兰西远东学院学报》(*Bulletin de l' ecole d' francaise d'Extreme-Orient*),第 6 卷,1909,第 27—56 页]。

④ 《斯坦因在新疆沙漠中发现的中国文献》(*Les documents chinois decouverts par Aurel Stein dans les sables du Turkestan oriental*),牛津大学印刷局,1913。

确实记载于晋朝①同时期的木片上。

图 32　明代传统头盔简图（一）
（《古今图书集成》绘自《武备志》）

　　如果汉朝后期用的金属是铁,那么西汉时用的是哪种金属? 兽皮上的金属片又是什么形状的呢?

　　由于技术原因,兽皮盔甲之后紧接着不太可能是金属盔甲。金属盔甲代表文明更高级的阶段,同时还需要具备娴熟的铁锻造工艺,这也是一个更复杂的过程,其制造所需技能远远超过了兽皮制作工艺。幸运的是,我们能够从文献和考古中发现,铁盔甲之前是铜盔甲。上面提到的《演繁露》中说:"三代秦汉以前,军旅多用皮甲,其曰犀兕者是也,然史传所载,已有锻金为

---

① 沙畹,上文有引述,第 794 号。

头鍪顿项圈

图 33　明代传统头盔简图(二)
(《古今图书集成》绘自《武备志》)

甲者矣,顾其用者尚少耳。"①大概我们可以判定,汉朝时期,用于加固铠甲的金属片是铜片,而且在之后得到了广泛应用。

　　那个时代坟墓中出土的一些穿孔的薄铜片,更加证实了这一观点。这些薄片(图 34),缝在铁甲表面,是制作"铠"的材料,也是前一章末尾谈到的古代鳞甲的进化产物。鳞甲甲片是切割的皮革,在公元前 2~3 世纪,汉人逐渐用铜替代皮革,取得了决定性的进步。到了东汉时期,也就是公元 1 世纪,用铁替代铜,又向前发展了一步。从图 34 可以看出,铜片趋向于之前的鳞片,但更接近叶状(因此我们看到了汉代书中写的"鍱")。鳞甲缓慢而渐进地发展为统一的方形,我们通常称之为"甲片"。

---

　　① "锻造防御盔甲"(锻甲)一词记载于《史记·平津侯主父列传》中(见《佩文韵府》,第 106 章,第 56 页),在三国时期(220—280)金属盔甲,主要使用铜或铁锻造,著名谋士诸葛亮(《三国志·吴书》,第 19 章,第 1 页 b)生于公元 181 年,逝世于公元 234 年(见翟理斯《古今姓氏族谱》,第 180 页),其生平事迹中有相关记载。《晋书》和《宋书》也经常提到金属盔甲。保护脸部的铁面罩首次出现在西晋永嘉年间,在湖北省汉阳府(《晋书》,第 81 章,第 6 页)的汉口之战中,朱仲文将军曾经使用过。

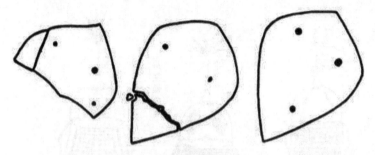

图 34　汉代铜鳞甲（实际尺寸的一半）

　　由于缺乏相关的纪念碑可考，目前还无法确定这种常规铁制盔甲在中国出现的确切时间。据上文仲长统提出的"铁札"一词，可以判断它最晚出现于 3 世纪的东汉末期。"札"这个字与汉朝官府主要使用的长方形木片有关，那这个词应用于铠甲也就无可厚非了。

　　由于这些木片是常规形制，我们可以推断汉军盔甲上的铁片也逐渐采用了同样的统一标准。在唐代（618—907），铁制盔甲发展成熟，技艺完善，这其中凝聚着数代人的勤劳与智慧（见第五章）。

　　由汉代另一种独特材料也可以推断汉朝方形片的存在。[①] 汉朝霍光死于公元前 68 年，梅耶斯称他为"拥王者"，在他的传记中提到了"玉衣"。《汉书》的著名评论家延世库（579—645）将这个词解释为一种盔甲（铠）的外衣，由金线连接的玉片组成，这些玉片被制成同样的大小（札），1 英尺长，2.5 英寸宽，最后制成一个长至脚踝的美丽外衣。还有另一种玉衣，与前者相比，其上衣由丝线串起的珍珠或其他珠子制成，下身的裙装才是玉片制成。以前虽然没听说过，但不言而喻，这种玉片仿制的是金属鳞甲，颜师古笔下相似的玉衣可以佐证这一点。

　　汉代改良防御性铠甲是出于什么样的考虑呢？防御性铠甲是进攻性武器发展的自然结果。"战争武器的发明史是一部进攻与防御交替推进的纪录史。"[②]武器的不断完善，促使防护工具的抗击打功能相应提升。周朝时

------

　　① 　以下资料取自宋朝古籍，我的这本是明朝吴基恩所作，于 1600 年出版。这是研究汉文化最有价值的作品，按照《汉书》及其相关评注的主题字词排版（对应我们的考古词典），这样我们就能一目了然地理解汉代文化。

　　② 　梅森（O.T.Mason）:《发明的起源》（*The Origins of Invention*），第 389 页。

期的主要武器是长矛和弓，用犀牛皮制成的战甲就足以应对。到了汉代，出现了更厉害的十字弓和双刃剑。正如仲长统所说，对于一个合格的军队来说，兽皮甲不再适合用来抵挡十字弓射出的箭。西汉时期的主要兵器——铜剑或青铜剑，也逐渐在东汉时期被铁剑所取代。同时，我们注意到一个逻辑发展的脉络——从原始的纯兽皮及兽皮鳞甲到铜质和铁质鳞甲，最后定型为铁片盔甲。因此，从外观上看，可以设想，护甲的逐步完善和发展可能纯粹由内因及其需要性驱动，不需要援引任何的外因来解释。但是如果不考虑历史机构的作用，这种论断显然是不切实际的。

　　不可否认，这个问题还能用一种完全不同的观点来解释。可以说，尽管中国人与邻近的部落作战无数，但在严格意义上说，中国却并不是一个好战的国家，而且军事类的发明也相当匮乏。中国人总是从更好战的邻邦引进优良武器，用敌人的装备战胜敌人。十字弓就号称是由中国南方原住民发明的；汉代早期的青铜短剑（见第十版）与西伯利亚青铜器时代的一种兵器也惊人地相似。由于历史上确有接触，仿制的可能性的确存在。汉代时，铁剑（第二十一版）逐渐取代青铜剑（第十版），二者铸造形状相同，转变过程与我们在西伯利亚古物中观察到的一样。拉德洛夫（W. Radloff）[1]出版了一本关于古代西伯利亚青铜器和铁剑的书，书中记载，青铜是绿色和铁褐色的，这为研究从青铜到铁的逐步过渡提供了很好的实物素材。例如，在这里我们可以看到，刀柄成了铁制的，而刀片仍为青铜质地（第十二版，第4号）；或刀片为铁的，而刀柄是青铜质地（第十三版，第1—3号），到最后变成了全铁制刀具，但仍保留着古老青铜剑的形制和装饰。从文献资料可知，汉朝仍然生产青铜兵器，西汉时，铁制兵器开始逐渐取代青铜兵器；东汉时，铁制兵器成为主导，到219年，能有把握地说，铁制兵器已完全替代了青铜兵器。[2]因此，就考古而言，一般认为，具有汉代特征的青铜剑，大概率属于西汉（公元前206—公元25年），而具有相同特征的铁剑，很可能属于东汉（公元25—220年）。铁制工具的日常化使用是这个时代独有的特征，就像之前的青铜器一样，铁器在中国逐渐普及。人们将熔铁置于砂模中，按照古时相应的青铜样式铸造新工具。所以我们发现了大型凸状花瓶（类型为"壶"），与

---

① 《西伯利亚史》(Siberian Antiquities)《俄罗斯考古素材》(*Materials toward the Archaeology of Russia*)，第5号，俄语，圣彼得堡，1891)。

② 见夏德(F. Hirth)的有趣发现［《中国铜镜》(*Chinesische Ansichten uber Bronzetrommeln*)，第18—22页，以及《中国古代历史》(*The Ancient History of China*)，第234—237页］。

同类的青铜和陶器花瓶形状相同,带有可移动的横向环,其上汉代铭文以高浮雕刻在瓶底外侧。[①] 此外,还有炉子、大水壶、炊具、铸币砂模、钟、灯、凿子、刀和轮式战车底座,其风格和装饰承载着汉文化精神,而厚铁芯的消失则展现了古人的伟大技艺。由于地下铁物质的腐烂,第二十一画版上的铁矛几乎认不出其原来的形状。剑的保存状态稍好一些,属于双刃剑,像旧时的青铜器,铁柄粗厚,配有青铜菱形剑鞘,表面覆盖着黝黑发亮的铜绿。

现在有一个事实摆在我们面前,即汉代的进攻武器和防御性装甲也经历了如上的发展阶段。这样总结一下,就是这两类器具的发展存在关联,东汉防御性铁甲的发明是铁制武器出现的结果。两者之间的影响是双向的——同样,西汉青铜兵器的完善也影响了青铜护具的发展。有什么样的因,就会有什么样的果。试着猜测一下,如果有可靠证据可以证明武器源于国外,那么这样的猜测也会产生相应的结果——护甲的变化。有因必有果,有果必有因。研究古西伯利亚的剑,可以发现像中国古代那样青铜向铁过渡的过程。这种类似现象清楚地揭示了两个文化群体之间的历史关系。也可以进一步推断,汉代护甲的发展可能得益于邻国的推动。在这一点上,需要注意在军事艺术方面,整个亚洲内部间庞大的历史关联。如果认为这是一种孤立现象,完全无视其不可分割关系的内因,那就无法正确理解人类的任何发明或活动了。每一种文化观念都与其他一系列文化思想有着鲜明的联系,在确定其历史地位时,必须对现象的互惠性和相互依赖性形象化看待。需要将武器形制、军事战术模式和战争科学的发展紧密结合起来:武器形制的发展是战争科学进步的自然结果,而战争科学的转变必然表明战术模式发生了巨大的变化。因此,我们必须从战术史的角度出发,理解护甲的技术演变。现在我们面临的问题是,中国、中亚以及西伯利亚在几个世纪内经历彻底的武器变革,其背后又有怎样伟大的军事战术运动?在我看来,这场运动始于古伊朗。我会努力求证,在古伊朗发生了意义深远的战术变革,并深深影响了整个古代世界,这种变革从伊朗传播到中亚的突厥部落,后传入中国。他们在战术和护甲方面的发展进程非常相似。

首先,应该注意一个事实(非偶然现象),汉代盔甲增加的部分与我们在古代波斯发现的一样。在《波斯古经》里叫 kuiris 的地方有类似护项(鎧

---

①　王侯标准规制("可能是为上天服务!")。

鍜）①的东西,巴列维语称为 grivpan（颈部防护）,还附有注解:从头盔后面一直连到胸前。②《波斯古经》里还提到了护腿——ranapano,即"护胫"。据杰克逊说,《波斯古经》中描述的头盔由铁、黄铜或金子制成。③ 同样,汉代盛行的战术模式——盾、盔甲、剑搭配使用,这与波斯一样。我们在色诺芬(Xenophon)写的《居鲁士的教育》(Cyropaedia)中读到,居鲁士在训练士兵时,不再进行弓和标枪训练,而专注于使用剑、盾和盔甲的战斗练习。④

此外,还需要知道弓箭手和骑兵的区别,以及伊朗武器和战术模式的发展过程。希罗多德(第七卷,第 84 页)说,波斯骑兵和步兵的装备相同,只是其中一些人戴着黄铜和钢制的头盔。据说,那时波斯骑兵必须穿着不同颜色的有袖外衣,上面有铁鳞片的胸甲,这与希罗多德(第七卷,第 61 页)对步兵的描述一致。据希罗多德(第九卷,第 49 页)说,毫无疑问,与希腊人作战的波斯骑兵实际上是骑在马背上的步兵,主要武器是弓箭。他谈到这里时很惊讶,他说,士兵们边骑马还要边射箭,因此他们是马上弓箭手。

这种战术模式传到了整个锡西西亚地区和伊朗。锡西提人在马背上射箭(希罗多德,第四卷,第 131 页),并分散开单兵作战,一有机会就展开攻击,一时间他们无处不在,让敌人难以捉摸。马萨格泰部落(希罗多德,第一卷,第 215 页)同时熟悉骑兵和步兵的战术模式,可以说,他们是马鞍上的步兵。罗马人对帕提亚的弓箭手又怕又恨,主要是因为他们在行进时会回头射击后方追击的敌人。⑤ 蒙古人入侵时也用了同样的战术。亚美尼亚历史学家海顿说:"在战斗中,他们一旦处于劣势,就会有条不紊地撤退,但是追击他们是非常危险的,因为即使转身后退,他们也能在撤离过程中射伤敌方人马。"

根据色诺芬[《万人远征记》(Anabasis)第八卷第六、七章]的记载,大约有六百名骑兵,除了居鲁士没有佩戴头盔出战外,所有人都用胸甲、护胫甲

---

① 可能是外来的汉语词汇。

② 杰克逊(A.V.W.Jackson):《古代波斯盔甲》(Ancient Persian Armor) [《纪念亨利·德勒斯勒的古典文学研究》(Classical Studies in Honor of Henry Drisler),第 118 页,《纽约杂志》,1894]。

③ 同上,第 119 页。色诺芬(Xenophon)也曾提到过护胫甲(《波斯古经》第 8 卷,6);希罗多德(Herodotus)(第 7 卷,第 84 页)谈到波斯骑兵的铜制和钢制头盔;色诺芬(《居鲁士的教育》6,1,2)写的是铜黄头盔,还有一次(第 6 卷,4,2)写的是黄金盔。

④ 《居鲁士的教育》,第 1 卷,2,12.

⑤ 布兰达(E.Bulanda),《古代人的弓箭》(Bogen und Pfeil bei den Volkern des Altertums),第 61 页[维恩(Wien),1913 年]。

和头盔进行武装①，骑兵的战马额头和胸前也都有防御性的盔甲。那么在这里，首次出现了真正的骑兵。马和人都全副武装，这种新装备代表着一种新的战术模式。而在希罗多德时代，波斯人的马还未佩戴护甲。② 尽管色诺芬没有使用"cataphracti"一词，但他所描述的制度其实就是这一模式的前身，或者说二者就是相同的。

在《居鲁士的教育》（第六卷第一章）中，除了马的额饰和胸甲之外，还提到了带有护胫甲的单马和两侧装有金属板的战车。黄铜板和士兵们穿着的紫色战衣使得整个军队闪闪发亮。亚伯拉罕给他的战马装上了厚厚的盔甲（同上，第六卷第一章）。③《居鲁士的教育》（第七卷第一章）中提到，和居鲁士一起的所有人都配备了相同的装备：紫色外袍、头盔、盔甲、白色头冠，每个人都配有用榄仁木制成的长矛。他们的马匹都穿着厚厚的额饰、胸甲和肩甲，还有保护士兵腿部的护板——士兵们双脚垂放在护板后面。

最后，色诺芬在最终章节（第八卷第八章，22）里感叹居鲁士去世后波斯人的逐渐堕落。他再次总结说，居鲁士在打破了他们远距离小规模的战斗习惯后，用胸甲武装兵马，为每个士兵配备手持标枪，并训练他们近身战斗；但现在，历史学家却认为他们既没有远距离的小规模战斗，也没有近身交战。这段话清楚地说明，居鲁士开创了一种新的战术模式，而这种方法正是我们所理解的现代意义上的正规骑兵——骑兵持标枪、长矛、长枪或马刀等兵器，以最快的速度冲向对手。当然，《居鲁士的教育》不过是一段历史美谈，将新战术原理的发明归功于居鲁士显然是不恰当的。但是，这种战术已经在波斯得到了充分运用。它不可能出现在居鲁士的统治之下，因为我们没有在入侵希腊的薛西斯军队中发现这一战术的运用。

波斯及相关国家的战士在古代世界被称为"cataphracti"或者"catafrac-tarii"，即他们的防御盔甲的名称。穿着这种盔甲的萨尔玛人代表特拉扬柱，俄罗斯南部的墓中发现了这种盔甲的遗留碎片。此外，一些经典作家的

---

① 关于居鲁士的盔甲，见色诺芬《居鲁士的教育》第 1 卷，4，18；第 7 卷，1，2。

② 马萨格泰人（希罗多德，第 1 卷，215）的服装和生活方式与斯基泰人相似，马上配有黄金制的青铜胸甲、缰绳、马嚼子和颊板。薛西斯军队中的马匹并未覆以马衣，其实波斯贵族马希提的尼萨马就可以证明，这匹马的侧受受到了箭伤（希罗多德，第 9 卷，2）。亚述人的马匹也没有马衣，他们的骑马部队不是严格意义上的骑兵。

③ 对照《居鲁士的教育》第 7 卷，2，17。

著作也让我们能够对这些盔甲的外观有所了解。[1] 它们由布或皮革制成，上面缝有单行重叠的鳞片、金属薄片（铜或铁）和一些罕见的角骨，层层覆盖下来，呈现出来的样子就是一种鳞片状盔甲，具体细节此处不再赘述。它具有独特的灵活性，两边有袖子，除了紧贴马身的大腿部分外，能将整个身体都包裹住。它很契合人体躯干的形状，同时也让士兵有足够的活动空间。马匹同样也配有这种鳞片状盔甲，但因受限于金属重量，经常只用皮革来武装（阿米阿努斯，第二十四卷第六章）。[2] 士兵骑在马背上，手持长矛，这根长矛由一条固定在马脖子上的链条支撑，末端则由一个固定在马腿上的装置支撑着，这样就可以使马的重量完全转化为长矛的推力。[3]

在给定的信号下，这些骑兵组成中队向敌人冲锋，由于佩戴防御箭矢攻击的盔甲，他们强大到足以对付手持弓箭的步兵。从特拉扬柱上的骑兵形象可以看到有向后射击的弓箭手。这支部队只有团结一致，在奇袭的命令之下，才能有效地进行突击。成功击退敌人后，笨拙的骑兵肯定要承受严重的惩罚。单人骑兵无法自卫，据说随克拉苏军队一起的高卢人的策略是夺取他们的长矛并把他们拉下马背。以前的弓箭骑兵部队与这种新的骑兵制度在根本上的区别是显而易见的：骑兵是一个独立的战斗个体，在任何情况下都能机动作战，无论是冲锋、持久战还是追击过程中。而这支部队都没有按预先规划的路线前进，而是四散开来，迅速转身发起进攻，继而假装逃跑，在追击中消耗对手体力，然后又集结起来，再次向前攻击，直到战役结束。新的骑兵部队相当于一台由单个指挥官的意志和言语驱动的机器。只要这个机器保持其成员的灵活性，并作为一个统一的单位集体行动，它就是有效的。其成功率与攻击速度、安全性和力量密切相关。当冲锋失败时，自然也就打不了胜仗。

这种新的战术模式是何时、由谁发明的，不得而知。在色诺芬时代，它就已经存在于波斯，而且这种概念似乎确实起源于伊朗人。随后，我们在安提阿古依比法尼的军队中发现了这种战术模式。从安东尼·庇乌斯时代起，这种战术就已经在罗马军队中普遍使用——当时的碑文中经常出现对

---

　　[1]　对照赛里欧（E.Saglio）《希腊罗马古物辞典》（*Dictionnaire des antiquites grecs et romains*）中的文章，第 1 卷，第 966 页。

　　[2]　皮革覆于马上，以保护马匹。

　　[3]　史密斯（Smith）、韦特（Wayte）和马林丁（Marindin）：《希腊罗马古物词典》（*Dictionary of Greek and Roman Antiquities*）第 3 版（第 1 卷，第 384 页）。

这种士兵的描述。因此,罗马人采用了他们的对手的策略——这段历史在中国再次重演。伊朗人的战略模式与其独特的人马铠甲同样传到了斯基泰,并流传到了西伯利亚,甚至延伸到叶尼塞。刻有板甲骑兵的著名石像可以佐证这一点。这名骑兵确实代表了当时罗马典型的士兵形象(图 35)。这块石碑的年代大致可以推测为西伯利亚铁器时代,与汉代时中国与突厥往来的时期相吻合。

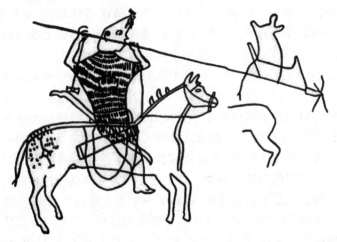

图 35 穿戴盔甲的长矛骑兵 西伯利亚叶尼塞河流域的石碑
[出自《叶尼塞碑铭文》(Inscriptions de l'Ienissei),赫尔辛堡,1889 年]

实际上,当时与中国人作战的突厥部落,也和他们的伊朗邻居一样,经历了从原始粗放的骑射战争到有组织的骑兵部队的类似发展。在这方面,突厥人也得到了中国人的适当肯定。我们都知道,原始的中国部队没有骑兵,他们的战斗是以士兵徒步或乘坐战车的方式进行的。此外,中国对于突厥的骑兵弓箭手战术的模仿,最早是赵武灵王(公元前 325—前 299 年)采用的。他在臣民中引进了一种窄腰紧身的蛮族服饰,并教他们在马背上如何用弓箭射击。① 我们可以看到,中国正规的骑兵是在汉朝之前兴起的,而当时的汉朝还没有骑兵这一概念。它是从匈奴人那里引进的,我断言,匈奴人是从伊朗人那里学到的这种战术,尽管这种观点目前尚未得到文学文献的支持。

---

① 见作者的《中国瓷器》(Chinese Pottery),第 216 页。

我们不可避免地得出这样的结论:历史上始终存在接触和演变发展。假设匈奴人和中国人都独立地经历了一系列的复杂发展阶段,就像伊朗人在这一时期之前的几个世纪一样,这是完全有道理的。这三个国家在发展上的内在同一性,决定了它们利用金属改进出相同样式的防弹衣,并采用同样的战斗方式,这充分证明了各民族之前的相互学习和借鉴。

关于中国的这一军队模式的历史细节,不在本次研究范围之内。尽管中国的军事史为具有重大历史文化意义的研究提供了广阔的领域,但却一直被人们忽视。其中对骑兵这一主题的研究是尤其重要的。在此提出几点建议。①

匈奴是一个骁勇善战的部落,匈奴人不仅擅骑马还多为弓箭高手。从司马迁②在《史记》中所绘的图画可以看出,他们教孩子们练习如何在羊背上用弓箭射击飞禽。将士们需要有一手好的射箭本领,"士力能弯弓,尽为甲骑"③。这清楚地表明,匈奴士兵由骑射手组成,像斯基泰人一样,以自由的形式进行单独战斗。历史学家进一步补充说,他们远距离作战的进攻武器是弓箭④,而在近距离作战时,他们则使用剑和短矛。他们是否也参与下马作战,我们不得而知。司马迁还写到匈奴人并不以撤退逃窜为耻,这与他们的战斗方式有一定的关系。就如上文中关于伊朗人和斯基泰人的描述⑤:他们的撤退是一种障眼法,用以欺骗对手并耗尽其体力,他们会在撤

---

① 《补汉兵志》是一部记载汉代重要军事的有趣著作(收录于《四库全书》)。

② 《史记》第 110 卷第 1 页。

③ 帕克(E.H.Parker)的翻译(《中国评论》第 20 期)较为准确。赫斯《中国古代史》,第 168 页)翻译为:当他们身披盔甲立于马上时,都成了优秀的弓箭手。尽管这句话译出了大意,但与《史记》中的表述仍有差距。总之,甲骑两字不能拆开,它是一个特定词语,即身穿盔甲的骑兵。司马迁提到的甲骑指皮甲或盔甲,而非金属铠甲。

④ 就如欧洲出现的匈奴轻骑兵(强壮且骑行速度快的弓箭手;乔南德布斯,第 24 章)和后来的蒙古骑兵。

⑤ 《马可·波罗》(*Marco Polo*)[尤尔(Yule)和科迪尔(Cordier)合编,第 1 卷,第 262 页]中对蒙古人的描述很贴切:由于他们不认为当逃兵是件羞耻的事,所以有时会假装逃走。在逃跑时,他们会继续对付敌人,给对方重重一击。蒙古人的马训练得非常好,使其能够像犬类一样向后回望,这样他们在逃跑时也能看到敌人,并转身对着自以为已经取得胜利的敌军射出箭矢。当他们已经杀伤了不少人马时,就会立马掉头,高声呐喊向前冲锋,快速击溃敌人。很明显,就在敌人看到他们逃跑、以为自己已经胜利的时候,实际上就已经输了。因为这些鞑靼人正在等待合适的时机,转身反攻。他们用这种战术打了很多胜仗,包括与斯基泰人、匈奴人、突厥人的战争。从汉代陶器浮雕上大量骑兵向后射箭的画像可以看出,当时的中国也在多次战争中领教过这种战术。

退中精准地向后射击。

匈奴的胸甲用家畜的皮革制成,普通衣服也是用这些材料制成的。除了皮衣外,匈奴还有毡衣。

匈奴军事力量的改组者是著名的冒顿[1],公元前 3 世纪末,他把分散的部落整合到一起。冒顿是头曼单于[2]的儿子,头曼单于的宠妃后来又生下一个小儿子,他想废除冒顿的太子之位,改立少子,便将冒顿作为人质送到匈奴的死对头月氏人那里,然后出兵月氏。冒顿危在旦夕,为求自保,他偷了月氏的一匹快马逃往家乡。头曼单于认为这是英勇之举,便让冒顿统领一万骑兵,而雄心勃勃的冒顿却决心弑父篡位。西汉历史学家司马迁[3]以颇为有趣的方式叙述了冒顿如何篡位的故事,其中显然略去了一些重要事件。根据司马迁的记述,冒顿制造了一种鸣镝[4],训练他的弓箭手用鸣镝射击。他下达了一项命令:无论他对着什么目标放出鸣镝,所有部下都要瞄准这一目标进行射击,否则将被斩首。

为了确定部下对他的忠诚度,冒顿迅速对他们进行了考验。他用鸣镝瞄准了自己最喜欢的马,一些犹豫不决的手下当场被斩首。更严峻的考验很快就来了——他的手下看到鸣镝射向冒顿心爱的妻子时,都惊恐不已,那些不敢放箭的人也立刻被斩首。此后他去狩猎,向头曼单于的爱马射出鸣镝,这次他的部下无一例外地遵守了他的命令。冒顿这才认为他的手下是

---

① 根据欧弗兰克的说法,基于中文评论的数据统计,这是对其土耳其语称谓的正确还原(来自中国关于突厥人和中亚斯基泰人的相关文献,《居鲁士的教育》第 110 页,1904 年)。冒顿在位时期为公元前 201 年至公元前 177 年。

② 匈奴君主的称谓,参见 22 号图版——以中国的图画形式展现单于形象。

③ 《史记》第 110 卷第 3 页。参见威利的《匈奴与中国关系史》(History of the Heung-noo in their Relations with China)[《人类学研究所学报》(*Journal of the Anthropological Institute*)第 3 期第 43 页,1874 年];帕克的《突厥-斯基泰人部落》(The Turco-Scythian Tribes)(《中国评论》第 20 期第 7 页);弗斯(F.Hirth)的《对土耳其历史的社会学贡献》(*Sinologische Beitrage zur Geschichte der Turk-Volker*)(第 254 页,圣彼得堡,1900 年),他在书中将冒顿刻画为英雄。

④ 从威利的翻译来看,他认为鸣镝不是冒顿发明的。翟理斯(第 10928 号;鸣镝)认为,鸣镝是由冒顿发明的(与帕拉第乌斯的《中俄字典》中意思相近,第 1 卷,第 174 页)。阿斯顿(Aston)[《日本书纪》(*Nihongi*),第 1 卷,第 87 页]的描述让派克认为,鸣镝是匈奴人发明的;但他在《中国评论》(第 20 卷第 7 页)中提到,古代日本名为 nari-kabura(一种响箭)的箭似乎是模仿匈奴人。我认为重点不在于讨论鸣镝到底是谁发明的,因为这种发明不能只归功于个人或某个部落。它是一个逐渐摸索和实验的结果,而具体是在何时、何地以及中间的过程已不可考。按时间顺序来看,我们首先在匈奴发现了这种箭,而《史记》是对鸣镝的最早记载。

可以信任的,并最终决定发动政变。在与父亲一起狩猎时,冒顿抓住了一个有利时机,把鸣镝射向父亲,他的部下也立即一同发矢。头曼单于就此倒下。头曼单于去世之后,冒顿杀了他的妃嫔(除了冒顿的生母)、小儿子和所有不听命令的大臣。公元前 201 年,冒顿自立为单于[1]。

可以肯定的是,这段叙述的背后是一项庞大的政治运动。当然,杀死单于本身并不需要一两个部队的骑兵。这是一场涉及军队较量的国家内部角力,冒顿面临的问题是如何打败头曼单于背后的强大势力。此时他开始了改革,亲自训练骑兵和弓箭手,自己也成了杰出的军事家。

冒顿的任务困难重重,要打破这些野蛮部落以前散漫的战斗习惯,训练他们服从首领的命令,需要智慧的头脑和坚定的意志。士兵们习惯了自由作战,在战场上的行动也几乎不受限制,现在却被迫绝对服从于首领的指挥,严格按照他的信号进行射击——这才是真正的骑兵部队。

据《岩之帆》(Cum Grano Salis)记载,冒顿的做法与色诺芬所著的《居鲁士的教育》中的居鲁士一样。居鲁士在荷兰独立战争(1568—1609)中训练德国雇佣兵(他们的武器装备比对手西班牙更轻),让他们排成两三个队列,迅速移动,在向敌人射击的同时直接进行冲锋。冒顿的排兵布阵法自然是以他的部队排列严整有序为前提的。从循序渐进的练习和考验,到对懈怠者的严厉惩罚,这种具有革命性的创新使其族人感到颇为惊奇。为了推翻父亲的军队,冒顿构想了一个大胆的计划,引进一种全新的战术模式,即用有组织的紧凑型骑兵部队推翻父亲的旧部,可见他确实是个军事天才。他反对原始交战的战争策略,反对无秩序的野蛮进攻原则。我们很难推断冒顿本人是否是这种新战术模式的发明者。月氏还占领着甘肃北部地区的时候,冒顿曾作为人质生活在那里。匈奴在公元前 165 年进行了西迁,也许可以推测冒顿借鉴了月氏人的一些军事策略。无论如何,事实证明他身上有居鲁士的精神和魄力,伊朗人的特质在他身上也有所体现。伊朗的骑兵战术被罗马人所采用,同样也对突厥部落产生了深远的影响。冒顿是这一军事改革的杰出领导人和组织者。

在仔细了解匈奴与中原王朝的战争时我们发现,尽管对匈奴人的描述少之又少且不完整,但可以知道他们对骑兵战术的运用非常熟练。他

---

[1]　这是张充仁(《蓝莲花——丁丁在中国》,第 118 页)给出的日期。威利给出的时间为公元前 209 年。

们充分实践了腓特烈大帝所制定的规则,这是腓烈特在莫尔维茨战役中从奥地利人那里得到的教训——"每一个骑兵都必须牢记,打败敌人只需要两件事:第一,以最快的速度和最大的力量向敌人冲锋;第二,从侧面包抄敌人。"

在与李陵军队的交战中,匈奴人在侧面包抄上的机动技巧[①],以及他们充分利用地域优势的能力尤为显著。在前哨和侦察任务方面,他们无与伦比。在一个寒冷的冬天,冒顿以佯装失败和逃跑的战术诱使汉军继续前进,并命其精锐部队在四周伏击,使得汉高祖的 32 万大军(其中大部分是步兵)陷入重围,这是这位军事天才的壮举。可惜的是,在这场独一无二的战役中,其细节并未被准确记录下来。[②]

孝堂山石刻上记录了"匈奴之战"的场景。[③] 我们可以看到匈奴军队在强健的马上疾驰,用弓箭射击。其他人则配备了长戟,整体上与罗马军队一样:一名骑兵试图用可能钩住钩尖的长矛将另一只矛从马鞍上拖出。[④] 一名士兵跪在地上,身披铠甲,手握宝剑,被斩去头颅。此外,一些弓箭手也穿着盔甲。后面的背景是埋伏待命的后备军,他们隐蔽在山丘地带或人工投放的掩体之后。[⑤] 首领坐在前方,对着跪在他面前的人下达指令。

正如沙畹[⑥]所说,匈奴也引进了中原王朝的兵法战术,中原的一些将领

---

① 有趣的是,这种战术在突厥语里也有一个专门的词:tulghama。巴伯将这种战术引入印度,并在他的回忆录中进行了描述[《古尔太勒》(*Pavet De Courteille*),巴伯(Baber nameh),第 1 卷,第 194 页;霍恩(P.Horn),《伟大的莫卧儿军队与战争》(*Das Heer-und Kriegswesen der Gross-moghuls*),第 22 页,莱顿,1894 年]。莫卧儿骑兵由骑在战马上的圆盾长矛士兵组成,是古代骑兵的一种。

② 同一些古典作家的记述一样,《史记》中对战争的描述极少,这给军事研究带来了很大的不便。编年史学家通常只记载各方军队的人数、统帅的姓名、战役的时间和地点,以及最终结果和死亡、俘虏的人数,一般对于具体的战争细节描述甚少。只有在汉代著名人物的传记中,我们才会偶尔看到有关战役的详细记录,但遗憾的是内容仍旧不够充分,其中一些略去的部分正好是我们最想要了解的内容。儒家学者对军事方面的东西似乎兴趣欠缺。

③ 沙畹:《北中国考古图录》,第 47 号;《两汉时代之画像石》,第 82 页。公元 1 世纪西汉诗人王延寿写了一首描绘孔庙(位于孔子故乡曲阜)的诗,提到了石柱上描绘的中亚人。他们恭敬地跪在地上,脑袋又长又窄,眼睛像大鸮一样一动不动。高鼻深目上是拱起的眉毛,神情似乎很惊惶。[埃德金斯(J.Edkins),《中国记录》(*Chinese Recorder*),第 15 卷,第 345 页,1884 年]。

④ 《武备志》和其他的中国军事著作中都提到了这种长矛。

⑤ 沙畹(在上文所述中)认为他们是从帐篷里出来的,这种推测也是有可能的,但上面给出的观点似乎更为可靠,因为此处的掩体轮廓与帐篷几乎没有任何相似之处。

⑥ 《司马迁史记》(*Les Memoires historiques de Se-ma-Tsien*),第 1 卷,第 19 页。

因为害怕自己打了败仗后受罚,所以宁愿向敌人投降。据说李陵将军被迫向匈奴投降后,按照中原的兵法训练了匈奴士兵。皇帝得知这些消息以后,认为他是叛徒,处死了他的母亲、妻子和孩子。[1]

李斯[2]在权衡匈奴与中原的战争利弊时,认为中原有很大的军备优势和一定的组织统一性。后者毋庸置疑,但我不太相信当时中原的武器装备优于匈奴,因为在西伯利亚发现的古代青铜和铁制武器比古中国的任何一个朝代都要好。匈奴人的弩可能是外来的,这一点上中原更胜一筹。

与周朝相比,汉朝的军事装备和组织有许多根本性的变化,同时这也是战术和战略上彻底改革的表现。革新的主要特点是对马的高度重视,正如著名的马援将军所言,马是一切军事行动的基础。[3]骑兵比步兵更具优势,弩的普及度也超过了弓,骑兵使用护甲,逐渐发展为一支正规的军队。与威胁中原西北边境的游牧部落无休止的战争,是引发这些军事改革的直接原因。因此,模仿他们的作战方式变得势在必行。骑兵穿盔甲是匈奴的一种习俗,如果中原人也这样,我们就完全可以将其视为借鉴和效仿。这不仅是种观点,更是一个事实,公元169年曹操进谏时,详细阐述了匈奴和中原战争的多样性。[4]

由于步兵和战车招架不住匈奴的攻击,他提出了组建一支骑兵队伍[5],这在中国历史上是第一次。他还建议采用匈奴的战术对付匈奴人,并为此雇用了游牧民族的雇佣兵。对于中原境内的战争,则继续采用原本的战术模式。这个建议没有被立即执行,但在汉武帝时期(公元前140—前87年)得到了实施。汉武帝可被称为中国骑兵部队的改良者。真正完成这项任务并创新了骑兵部队建制的人是霍去病,他完全摒弃了中国传统战术的基础,

---

① 翟理斯:《古今姓氏族谱》,第450页。

② 《中国古代史》,第166页。

③ 《后汉书》,第54章,第9页。

④ 戴遂良:《历史文本》,第414页。

⑤ 或称"骠骑"(第9134号),"舰队骑兵"(见沙畹:《司马迁史记》,第3卷,第559页)显然是从突厥语翻译过来的[霍恩,《伟大的莫卧儿军队与战争》,第21页;拉德洛夫,《突厥方言词典试编》(*Worterbuch der Turk-Dialecte*),第2卷,1922年]。

将骑兵制度付诸实践。① 霍去病 18 岁时就已经是一名出色的弓箭手,他率领八百名骑兵,组成军队的前卫,击败了匈奴。公元前 121 年,霍去病被任命为全军统帅,连续六次打败了匈奴人,当时他才 21 岁。② 他不想学习孙武的《孙子兵法》,更愿意相信自己的判断和常识。显然,他是个拒绝理论的实干家,通过长期的经验掌握对手的战术,将其化为己用。霍去病对战匈奴的胜利归功于他所采用的骑兵战术,而在汉武帝之前的汉代时期,前人以步兵对阵敌军的骑兵,经历了惨败。这份经验教训的得来可谓付出了巨大代价。

因此,骑兵在汉代发展成为一支独立的军队,在对抗中亚游牧部落的战争中,骑兵是最重要的一支队伍。他们拥有自己的组织和管理权。

淮南子在给汉武帝的奏折中提到,当时官方认可的部队主体有四个:战车、骑兵、弓箭手和劲弩。③

新的军事秩序突出表现在汉武帝设立的新军事职务上。骑兵战术在这一时期意义非凡,这一点在这些职务中体现得非常明显。汉武帝设立了屯骑校尉以及由当时附属于汉朝的越人组建的越骑校尉,还有由突厥人或匈奴人(胡人)组建的长水校尉和驻扎在池阳的胡骑校尉。④ 在这种突厥骑兵⑤与汉朝军队相结合的体制中,我们可以看到一个积极的现象,那就是汉朝借鉴了邻居突厥的军事模式,并利用他们的战术策略来对付他们。此外,汉武帝为削弱突厥势力设立了骑兵分队。⑥

与游牧民族的持久战争需要大量的马匹。司马迁在《史记》中提到,为了对付北方,皇帝下令养了很多马,其中有几万匹养在都城长安。⑦ 公元前

---

① 10 世纪欧洲遭到匈牙利人的入侵时,这种景象又上演了一次。德国的亨利一世采用敌军的骑兵战术,终于成功地将其击退。同样在 13 世纪,蒙古人和撒拉逊人的轻骑兵也比中欧的铁甲骑兵更强。当时只有德国普鲁士骑士军团拥有足够强大的军事实力,在土耳克伯佣兵的带领下,他们组建了一支优秀的轻骑兵队伍。这支军队在对付立陶宛人和波兰人时发挥了很大作用[(雅恩斯(M.Jahns),《罗斯和瑞特》(Ross und Reiter),第 2 卷,第 86 页]。

② 霍去病的人物传记出自《史记》(第 3 卷)和《前汉书》第 50 章。

③ 戴遂良:《历史文本》,第 506 页。

④ 参照沙畹,《司马迁史记》,第 2 卷,第 525、526 页。

⑤ 中原人还招募了藏人组成骑兵部队(沙畹,《通报》,第 256 页,1906 年)。

⑥ 见比奥特的《关于中国军事和农业殖民地的回忆录》(Memoire sur les colonies militaires et agricoles des Chinois),[《亚洲杂志》(Journal asiatique),第 342、344、345 页,1850 年]。

⑦ 沙畹:《司马迁史记》,第 3 卷,第 561 页。

119 年,汉军大举发兵,进攻北方,他们俘虏了八九万人,获黄金五十万两。这场战争汉军损失了十几万匹马,对于水陆交通、战车和盔甲的财力消耗,此处略去不表。^① 从这里可以看出,当时的骑兵已经穿戴了护甲。

汉朝的将军都身披铠甲骑在马上。公元 48 年,刘尚在与蛮族的交战中惨败,曾经平定过蛮族的马援上书皇帝,主动请战。但由于他已经 62 岁,光武帝刘秀考虑到他年事已高,拒绝了这一请求。于是马援当面向皇帝请战,说:"臣尚能披甲上马。"皇帝就让他试试,马援披挂上马,威风凛凛,表示自己仍可以战斗。刘秀很是感动,于是命他领兵出征。^② 据记载,公元 91 年去世的耿秉将军生前总是身披铠甲立于马上,率领大军征战。^③ 这些都足以证明中原的整个骑兵体系源于匈奴,包括骑兵战术和装备。毫无疑问,中原骑兵与匈奴别无二致。^④ 所以,伊朗的骑兵理念已经通过匈奴人传播到了当时的汉朝。汉朝时期出现的以铜铁为饰的新式盔甲,也很可能是从西方,特别是从伊朗和斯基泰人所穿的金属鳞甲那里获得的灵感。

如前所述,中国的骑兵发展史(乃至世界的军事艺术发展史)仍未完待续。这里还要补充一个有趣的发现,在隋唐时期,轻骑兵显然是继承了汉朝的军事制度,特别是在与突厥部落的战役中,轻骑兵的作用得到了充分发挥。然而汉朝仿效匈奴人建立的骑兵战术后来似乎没有延续下去。我们从《隋志》^⑤中关于杨素的传记得知,这位英勇的统帅受命再次启用骑兵战术。公元 598 年,突厥达头可汗(拜占庭历史学家称其为塔尔都)入侵隋朝,杨素领兵出战,大获全胜。之前与突厥大军的交战中,汉军重点关注敌人的骑兵,主要采取防御战术,他们摆出由车兵、步兵和骑兵组成的混合阵进行防

① 同上,第 569 页。

② 《后汉书》第 54 章,第 12 页;赫斯:《中国视角下的青铜鼓》(*Chinesische Ansichten fiber Bronze-trommeln*),第 60 页。

③ 沙畹:《通报》,第 223、224 页,1907 年。

④ 公元前 152 年,李广利用骑兵进行侦察就是一个很好的例子。他带着一百名骑兵的卫队出巡时,突然遇到了一支几千人的匈奴骑兵队。为了让敌人以为他们有大队人马,李广在离敌人不远处命令手下卸鞍下马,以示自己没有撤退的意思。敌方上尉大声疾呼,李广和十名部下跳上马,一箭射倒了他。李广回过头来卸下马鞍,命令士兵放马休息。直到傍晚,将信将疑的匈奴人才敢发起进攻。在夜色的掩护下,李广率部下井然有序地撤退了。李广的轶事由辉瑞梅尔(A.Pfizmair)翻译[《维也纳学院会议报告》(*Sitzungsberichte Wiener Akademie*),第 512—528 页,1863 年]。

⑤ 《隋书》,第 48 章,第 1—6 页。根据翟理斯《古今姓氏族谱》,第 914 页)所写,杨素卒于公元 606 年。

御,骑兵位于正中,其余部队列于四周,车阵则用鹿角围起来(图36)。①

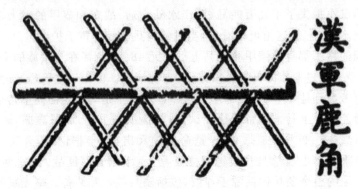

图 36　鹿角(出自《皇朝礼器图式》)

　　杨素认为,这种手段只是强化防御,不可能取得战争的胜利。他完全放弃了这种过时的做法,仅将部队编成骑兵,准备立即进攻。达头可汗见状大喜,立即下马向天朝拜,直呼"天助我也"。他带领十万骑兵冲向隋军,结果在严阵以待的杨素手下惨败。我们有幸了解到关于杨素御敌战术的一些细节。他治军严格,严厉程度堪比斯巴达军队:违反军令者格杀勿论。两军对阵时,他先派出一二百人前去迎敌。若取胜则罢;若落败逃回来,无论多少,全部当场斩首。然后,继续派出两三百人的队伍,直到打败敌人为止。所以杨素的部下都对他敬畏无比,作战时皆抱必死之心。自此,杨素战无不胜,被誉为名将。②

　　我们提到古代中国金属盔甲的出现源于伊朗和斯基泰人的武器装备,匈奴与中原骑兵制度的完善也可以追溯到伊朗地区,还需要强调的一点是,骑兵制度的引进似乎并未对匈奴和中原产生任何直接的模仿性影响,或者说这两个国家并没有完全复制或采用这种特殊的战争模式。至少,除了叶尼塞上的石刻长矛(图35),这一迄今为止的孤例外,没有任何文献可以直接证明这一点。上文提到的匈奴之战中有手持长戟的中亚骑兵与弓箭手交锋,能证明匈奴冲锋时派出的是重装骑兵。但据我所知,《史记》中并没有关

---

　　① 中文为"鹿角",在中国的衙门和官府门口都能看到这种东西。插图(图36)出自《皇朝礼器图式》(第15章,第26页)。这种鹿角的记载最早见于《三国志·魏书·夏侯渊传》(第17章,第6页)及《晋书·马隆传》(第57章,第2页),他在开阔地带使用了这种防御手段。

　　② 《隋书》,第40章,第3页。

于中原和匈奴用长矛交锋的记录。① 我也没有找到任何关于汉代装甲战马的记载。最早表明士兵骑着披有盔甲的马作战的证据是唐代的一个泥塑雕像。② 《史记》中有几处提到了这种盔甲,时间大约是 6 世纪和 7 世纪。事实上,匈奴和中原都没有使用骑兵制的其他具体战术。这些战术是针对有序排列的重装步兵的,而匈奴没有步兵。中原人最初只试过对匈奴使用他们自己原来的战术,结果惨败,只得放弃这种做法。总体而言,匈奴与中原之间的战争是以轻骑兵旅为主的。长途跋涉、道路崎岖、作战条件艰苦、物资补给和草料的不确定性以及难以适应的中亚气候,都给军队人马带来了很大负担。因此,在西方战争模式的发展历程中,选择一种可取的方法是很有必要的。

《练兵实纪》③中的一幅插图(图 37)可以证明,明代有板甲骑兵管理长矛和战队。由于近代中国在军事上没有创新,只是延续唐宋元时期的制度,所以这一时期不可能会产生长矛骑兵。但它在中国出现的具体时间,目前我还无法确定。

尤尔的《马可·波罗》(第二卷第 501 页)中,有一幅颇为有趣的 13 世纪波斯微型素描,画上有两个骑兵,很可能是蒙古人,尤尔称其为"亚洲战士"。其中一人身披板甲,手持长矛冲锋;另一个则以棍棒和圆盾武装,腰间挂着一个弓袋。

隋朝历史上,特别是在导致隋朝灭亡的起义战争中,都曾出现过长矛骑兵。公元 613 年去世的杨玄感④发动兵变反隋炀帝,其传记中着重刻画了他的坚毅和胆识。据记载,他在战斗中挥舞着长矛,高喊口号冲在队伍最前面。⑤ 李密(582—618)⑥在与王世充的邙山之战中,曾率领一支长矛骑兵部队被困于狭道,在王世充手持短剑圆盾的骑兵面前,显得无能为力。⑦

---

① 沙畹翻译的汉代文献中并没有提到长矛,但不代表古代中国军队没有使用这种武器。公元前 99 年,著名的李陵将军带领一支五千名士兵组成的小部队挺进匈奴,在与敌人的第一次交战时,他把骑兵安排在前锋,弓箭手和劲弩殿后。根据中国的文献记载,匈奴人以及后来的突厥和维吾尔族(《北史》,第 97 章,第 5 页;第 99 章,第 2 页)都有长矛。

② 参见第 7 章和图 51。

③ 《戚继光兵法》,1568 年(威利注,第 91 页),收录于《守山阁丛书》第 51、52 卷。

④ 翟理斯:《古今姓氏族谱》,第 903 页。

⑤ 《隋书》,第七十章,第 2 页。

⑥ 翟理斯:《古今姓氏族谱》,第 453 页。

⑦ 《唐书》,第八十四章,第 3 页。

图 37　骑兵分队（出自《练兵实纪》，1568 年）

作者简介

劳佛（Berthold Laufer，1874—1934）　美国人类学家和东方学家，早年受教于德国柏林大学，后获莱比锡大学博士学位。劳佛学识渊博，作品数量多且水准颇高，著有《玉石——中国考古学和宗教研究》（*Jade：A Study in Chinese Archaeology and Religion*）、《中国伊朗编》（*Sino-Iranica*）等。

崔玮东　中国矿业大学外国语言文化学院硕士研究生。

陈泫邑　中国矿业大学外国语言文化学院硕士研究生。

Archaeological Observations of the Han Jade Unearthed in Xuzhou

Liu Zhaojian   Li Wenwen

Abstract: The numerous Han Jades unearthed in Xuzhou can be divided into four categories in accordance to their social function, shape and usage: ceremonial jade, funeral jade, decorative jade and living jade, which has the cultural characteristics of innovation, stage, integration and typicality. Most of the jades were unearthed by archeologists from the Han tombs, with clear times and location, which can provide an exact date for tombs and provide reference for the authenticity of Han jades handed down. They are also of great significance for the social, political and economic research of the Chu State in the Han Dynasty. In the early Western Han Dynasty, the jade manufacturing in Xuzhou reached the peak, which was closely related to the highly developed productivity in this period.

Key words: Xuzhou; Han Jade; Culture; Rise and Fall

The Han jades unearthed in Xuzhou have an important influence on China, for that they have the largest quantity, the most complete varieties and the highest quality. Among all cultural relics in Han Dynasty, such as tombs, stone portraits, terracotta warriors, the jades unearthed in Xuzhou are the most worth seeing one which cannot be bypassed in the study of Han jades.

Nevertheless, the current research on the Han jades in Xuzhou has not been carried out effectively, and the relevant data are only involved in the tomb excavation report. Although some scholars have made in-depth research on specific jade, such as jade coffin, jade cloth, jade mask and other single jade, there is a lack of in-depth and systematic research on the Han jades in Xuzhou area for a long time. So far, no catalogue of the Han jades in Xuzhou has been published and only few articles involving it. Compared with the abundant resources in this area, this is a pity. Based on the information available, this paper makes a preliminary study on the Han jades in Xuzhou. Firstly, according to the shape and use of jade, the jade can be divided into four categories: ceremonial jade, funeral jade, decorative jade and living jade. Secondly, the characteristics and regional style of the Han jade are analyzed. It is pointed out that the Han jade in Xuzhou has the cultural characteristics of innovation, stage, integration and typicality, which can provide an exact date for tombs and provide reference for the authenticity of Han jades handed down. It has two academic values in archaeology, namely "prove the history" and "falsification". Finally, combined with the economic and cultural development of Pengcheng state (Xiapi state), the paper makes a preliminary study on the reasons for the rise and fall of jade manufacturing in Xuzhou of Han Dynasty.

I. Shape and Type of Han Jade Unearthed in Xuzhou

In the Western Han Dynasty, Xuzhou was Liu Jiao's fiefdom. There were 12 generations of Chu Kings surnamed Liu. In the Eastern Han Dynasty, there were one generation of Chu King, five generations of Pengcheng Kings and four generations of Xiapi Kings. After their death, these Kings were all buried in the fiefdom. More than 20 tombs of King (Queen) have been found, and a large number of exquisite and high-grade jades were buried in the tombs. There were many tombs of high officials, noble lords and Liu's clan, also buried with a large number of jades. So far, the tombs which has been proved to be high officials is the tombs of Liubi (the Marquis of Wanqu)①, the tombs at the same rank of high officials including the tombs in Xiaoguishan Mountain② and Tushansi Temple③, and nine Liu's tombs. All tombs buried with numerous jades except for Liu Chang's tomb in Beidongshan Mountain. In 1992, 33④ pieces of jade unearthed from Liu Nuzai's tomb in Hanshan Mountain, and a complete set of silver ray of jade clothing⑤ was also found. Among the thousands of Han tombs excavated in Xuzhou, more than 100 tombs buried with jades.

The varies Han jades unearthed in Xuzhou have aroused widespread concern. Many scholars have made great efforts to study the classification. Among which, according to the actual use of jades, regardless of the shape and texture, Mr. Tian Zhimei divided jade into four categories, namely ceremonial jade, funeral jade, decorative jade and living jade⑥, which are feasible and were followed by most scholars⑦. Later, it was also adopted by the exhibition scheme of "Nature's Work: Han Jade" in the second phase upgrading and reconstruction project of the museum. Han jades were divided into four units when displaying, but the order was adjusted. From the beginning to the end, it was ceremonial jade, decorative jade, funeral jade and living jade. Today, the jade exhibition hall of Xuzhou Museum still

---

① Xuzhou Museum: Liu Yi Tomb in Western Han Dynasty, Xuzhou, *Cultural Relics*, Issue 2, 1997.

② Nanjing Museum: Tombs of Xiaoguishan Mountain in Western Han Dynasty, Tongshan, *Cultural Relics*, Issue 4, 1973.

③ Information in Xuzhou Museum, the "princess's seal" unearthed in the tomb indicates that the status of the tomb is the princess of the king of Chu.

④ Xuzhou Museum: Han Tombs in Hanshan Mountain, Xuzhou, *Cultural Relics*, Issue 2, 1997.

⑤ Xuzhou Museum: Han Tombs in Huoshan Mountain, Xuzhou, *Chinese Archaeological Yearbook*, Cultural Relics Publishing House, 1999, 132-133.

⑥ Tian Zhimei: Classification of Jade Unearthed from Han Tombs in Xuzhou, *Southeast Culture*, Issue 1, 2008

⑦ Li Yinde: *The General History of Chinese Jades: Qin and Han Dynasties*, Haitian Press 2004, p.11

adopts this display form which shows that this quartering method has been widely accepted.

Among the four types of Han jade, ceremonial jade was smaller in quantities, mainly including Jade-Bi (a kind of round, flat jade with a hole in the center), Jade-Gui (jade held by emperors and vassal in ancient times when they were engaged in rites or offer sacrifices), and Jade-Huang (a kind of semicircular jade). A considerable part of them may be inlaid on the jade coffin. From the unearthed position of these ceremonial jades, we can see that these jades were mainly used for funeral, and has lost its ceremonial significance. Decorative jade can be divided into single jade pendant and group jade pendant. There were many shapes of dragon in the single jade pendant, such as "S" shaped jade dragon, "Wind" (Chinese character 风) shaped jade dragon, and other shapes, such as "Pei" shaped jade pendant, and the shape like beast's head bites the ring, etc. The group jade pendant was composed of small jade pieces of different sizes and quantities, mainly including Jade-Huang (a kind of semicircular jade), Jade-Heng (a kind of curved piece of jade), Jade-Xi (a kind of cone-shaped jade), Jade-Wuren (a kind of jade shaped like dancing man), jade tube, jade beads and so on. The complete set of group jade pendants unearthed from Duanqiao tomb in Luotuoshan Mountain included 11 pieces of jade, such as one jade ring, five Jade-Wurens, two Jade-Hengs, one Jade Phoenix and two Jade-Xis[1]. For that the most of the tombs have been robbed and destroyed, the jade group is not clear, and further research is needed. Funeral jade was one of the most important type of Han jades. The King of Chu had jade coffins and clothes for collecting and assembling corpses, jade masks, jade pillows, jade handles, as well as nine jade orifices such as nasal plugs, ear plugs, mouth plugs, anal plugs, and vaginal plugs for plugging the nine orifices. Living jades included drinking utensil series like ear cup, deep belly cup and jade bowl; sword utensil series like sword ornament,

---

① Xuzhou Museum: *A collection of Cultural Relics in Xuzhou Museum*, National Book Press, 2011, p.176.

handguard, sword blade securer, scabbard. Jade seals have various button types, such as tortoise button, desk button, etc. the fonts include bird insect seal character and official script. The stationery supplies included jade brush case used for storing brush. The jade used for clothing includes jade belt hook and matching jade ring. The large jade in the shape of bear or leopard was placed at the four corners of the mat in the living room. In the past, scholars classified sword tools and jade rings as decorative jade for lack of understanding, which is not in line with the reality. Now they were also included in living jade.

In addition, there were other jade-like objects, such as glass, crystal, amber, carbonite, etc. Although they were made of different materials, they can probably be classified into the above four categories. For example, the crystal hook unearthed from the Han tomb in Guishan Mountain belongs to living jade, and the amber pendant unearthed from the No. 2 tomb in Dongdongshan Mountain belongs to the component of group jade pendant. What's more, from the perspective of burial space, all kinds of jades can be found in Han tombs in Xuzhou except the hoard and sacrificial jades. "Jade buried in tombs" was a significant regional feature of Han jades in Xuzhou.

II. The Cultural Characteristics of Han Jade in Xuzhou

Numerous Han jades unearthed in Xuzhou have attracted extend attention of foreign scholars. However, there is little discussion on the style of their times and cultural characteristics of these jades. To grasp the cultural features of Han jades in Xuzhou as a whole, this paper intends to make a preliminary discussion on the cultural characteristics of Xuzhou Han jades combing the history of Chu State in Han Dynasty.

(1) Characteristic of Innovation

The Spring and Autumn and Warring States Period was a period when all people contend for hegemony. Fengpei group headed by Liu Bang overthrew the brief unified Qin Empire, ascended the historical stage, and established the Han Dynasty. Liu Bang adopted Lu Jia's suggestion by changing the governance strategy, and appointing Shu Suntong to create a series of new etiquette and regulations system, which opens up a new era. Liu Jiao is the half-brother of Liu Bang who once fought with Liu Bang and made great contributions to the establishment of the Han Dynasty. That is to say, he is one of the founders of the Han Dynasty. "Liu Jiao and Lu Wan talk with Liu Bang the internal affairs in the bedroom frequently."[1] Liu Jiao had a close relationship with Liu Bang, that's why Liu Bang was deeply influenced by him in governing the country. In 201 BC, Liu Jiao was granted the title of King of Chu. As the first Chu King, he was brilliant. Made full use of the convenient conditions of Liu Bang's hometown, he vigorously developed the economy, and during the 23 years of his governance, the social production of Chu recovered and the economy developed prosperously, which made the country a large one in east. He created a new model for Chu's political, economic and social development, among which the transformation of the shape and structure of tombs is the one that can most embody his innovativeness. The horizontal hole cave tombs of the Western Han Dynasty appeared in Xuzhou for the first time with different shape and system, which became a model of the tombs of the feudatory king of the Han Dynasty. Similarly, jade, as a utensil to connect man and god, a symbol of hierarchy, a code of political and cultural beliefs, and a carrier of regulating the orderly operation of society, began a great change under the leadership of the rulers of the Han Dynasty. From Han jade unearthed in Xuzhou, the innovation of jade in early Han Dynasty is reflected in three aspects: new fields, new types and new techniques. At present, all the imperial tombs have not been excavated, and the use of jade by the royal family is still unknown. However, Chu State in the Western Han Dynasty is an important vassal state in the Han Dynasty, and it has a close relationship with Liu Bang, we can say that the essence of its idea in

---

[1] Ban Gu: *History of the Han Dynasty: Liu Jiao* (volume 36), Zhonghua Book Company, 1962, p.1921.

using jade is also the cultural tendency of the Han Dynasty.

In early Han Dynasty, the jade was increasingly practical, and the field using jade expanded rapidly, from the original ceremonial and decorative jade to funeral and practical use, it mainly reflected in the expansion of funeral jades and living jades. Besides, the living jades extended to practical utensils such as diet, study and interior decoration, and a number of new shapes appeared in different areas of life. In the past, practical jade were mainly used in decoration like jade hook, jade ring and jade sword. In the early Han Dynasty, there were new series of jades in eating area such as high foot cup, ear cup, jade ware and so on. In writing materials, double jade brush sets were used to carry brush. Since it was never found before, scholars once did not know what function it was when classification[①]. It is actually the King of Chu, who "love book and versatile", made an innovation on the basis of bamboo brush set. This is the only double jade brush set discovered so far, and it added a new variety to the four treasures family of the literary houses in Han Dynasty. Besides, the large jade in the shape of bear or leopard is placed at the four corners of the mat in the living home. Such a large volume of round carving art reflects the enterprising spirit at that time. All we mentioned above are the embodiment of jade innovation in Han's life, and this opens a new era of using jade in all-round of life.

In order to meet the demand of the King of Chu that "death is like life", jades got unprecedented prosperity in funeral field. A number of new types of jades appeared, including jade coffins, jade clothes, jade pillows and other series of funeral jades. Jade as a part of funerary has a long history. In the Han Dynasty, the connotation of jade burial was rich, and the types of funerary utensils increased. New types of funerary jade emerged one after another and formed a complex combination, such as vertical S-dragon. It is particularly commendable that the appeared of jade

---

① Li Yinde: *The General History of Chinese Jades: Qin and Han Dynasties*, Haitian Press 2014, p.160.

coffins and jade clothes, which known as "Great Works", means Chinese jade ushered in another peak. The jade coffin and the jade cloth were unearthed from the tomb of the King of Chu in Shizishan Mountain whose owner is still not clear so far. Some argues that this is the tomb of the third generation of King Chu, while others hold that this is the second generation[1] or first generation[2]. From tomb's shape and funerary objects, it is most likely to be the first generation of King Chu, even the tomb is the second or third generation, the age is earlier than that of the feudatory king's tombs found in other region of China. Therefore, the jade cloth and jade coffin unearthed from Shizishan Mountain was undoubtedly the first one in China, and this had become a typical funeral system of the Han Dynasty which was an innovation. Similarly, the jade pillows were first unearthed in Xuzhou. From those unearthed pillows, we found that they have various shapes, including rectangular box shaped jade pillows, copper seat jade mounted wooden pillows, bench shaped animal head jade pillows[3]. Most were exquisitely made, and some of them even were inlaid with gold foil. From the tombs of feudatory kings to imperial families, jade pillows were appeared with other jade objects to form a jade funeral combination. Jade masks and jade headgear were popular in Xuzhou in the early Western Han Dynasty. They appeared at the same time as jade coffins and jade clothes. Considering the difficulty of making them and the different identities of users, there was no relationship between them. The reason for their use was that the nobles of the Han Dynasty followed and

---

[1]　In recent years, some scholars have held the view that the owner of Shizishan tomb is Liu Ying (Ke), but after the "generation theory" was put forward, most of them did not express their opinions except for Mr. Liang Yong's amendment. Only recently, Mr. Li Yinde, based on the new materials found in tombs, through the typological study of pottery, the identification of human bones and the analysis of historical documents, has proved that the owner of the tomb of the King of Chu in Shizishan Mountain should be the second generation of Liu Yingke. More detail can be seen in Li Yinde's speech at the second Chinese Archaeological Conference on October 22, 2018.

[2]　Liu Zhaojian: The Sequence, Owner and Related Problems of Chu king's Tomb in Xuzhou in the Early Western Han Dynasty, *Journal of Archaeology*, Issue 2, 2013.

[3]　Zhao Yun: On Jade Pillow in Han Dynasty, *World of Cultural Relics*, Issue 6, 2009.

imitated the feudatory king and emperors, which was the revival of the masks in the Western Zhou Dynasty. However, its production and funeral system were quite different from that time. It was a recreation of the jade industry based on the requirements of the times and the previous dynasty. Jade cicadas appeared in different size of Han tombs, they were made by various materials and perfect in workmanship, which were popular in Xuzhou at that time. Some scholars believe that Xuzhou area was one of the important centers of cicada shaped mouth plugs before the early Eastern Han Dynasty. Cicada shaped mouth plugs in Han Dynasty probably first emerged in Xuzhou and soon expanded to Xi'an. Of course, cicada shaped mouth plugs were used in Shang and Zhou dynasties, and the real cicada shaped mouth plugs originated in the Spring and Autumn Period of Zhou and Qin. It seems that cicada shaped mouth plugs in the early Western Han Dynasty did not directly inherit the pre-Qin tradition, but rediscovered on its basis[1]. This was similar to the appearance of jade masks. From the huge jade coffins and clothes to the narrow jade cicada, all of them were first appeared in the Han Dynasty of Xuzhou. The jade unearthed in Xuzhou fully reflected the innovative spirit of Xuzhou people in the Han Dynasty. In fact, both decorative jade and funeral jade were practical: decorative jade was used in real life, while funeral jade was used in life after death. The practicality of Han jade was obvious. The solemn and dignified meaning of jade since the Shang and Zhou dynasties has been reduced, and the divinity and ritual of jade were gradually replaced by the practicality of funeral and the diversity of life.

The innovation of manufacturing technology was mainly reflected in the innovation of tools and the application of new technology. There was little change in the form of carving tools in Han Dynasty compared with that of the previous dynasties, the main types of jade carving tools were straight saw and hammer saw for cutting materials, as well as hammer,

---

① Wang Yu, Xie Yichen: A Study of Cicada Shaped Mouth Plugs in Han Dynasty, *Journal of Archaeology*, Issue 1, 2017.

pipe drill and auger drill for carving patterns. However, the iron and steel smelting technology in Han Dynasty were improved, there were many iron and steel products in Xuzhou at that time. Quenching, cold working and other heat treatment processes have been widely used. At that time, the craftsman's understanding of the properties of iron and steel rose to a new level[1], which promotes the innovation of jade making tools, and manufacturing technology obtained unprecedented development: new carving technologies such as Han eight knives and hairy carving appeared, especially the technology of cutting thin-walled deep holes has always been a difficult problem in modern machining, besides, the jade is hard and brittle, but it's manufacturing has been solved by the Han Jade workers in Xuzhou. The double jade brush case with a length of 26.2 cm unearthed from the tomb of King Chu in Shizishan Mountain is the best demonstration.

Innovation is a prominent feature of the early Han Dynasty. Xuzhou is located in the middle and lower reaches of the Yellow River whose politics, economy and culture were very developed during the Qin and Han dynasties. Many new things began here and then affected all parts of the country: jade pillows and coffins of the Han Dynasty all rose from Xuzhou and then spread to the whole country[2]. Therefore, innovation is undoubtedly the distinctive cultural characteristics of Xuzhou Han jade.

(2) Characteristic of Stage

Xuzhou has a large number of Han jades and all with a high quality, which represents the highest level of jade production in the Western Han Dynasty. However, not the whole Dynasty was the peak of the Han jade development, the highest level was the early period in this Dynasty, just

---

① Yang Hong: On the Weapons Unearthed from the Tomb of the King of Chu in Xuzhou, National Museum of China, Xuzhou Museum: *King Chu of the Han Dynasty: Collection of Cultural Relics from the Tomb of King Chu in Xuzhou*, China Social Science Press, 2005, p.31.

② Liu Zhaojian: A Preliminary Study on Large Cave Tombs in Xuzhou, *Southeast Culture*, Issue 5, 2004.

like the development of the feudal states enfeoffed in Xuzhou, it experienced a process of emergence, development, peak and decline, with strong stage characteristics. The Chu State was established in the early years of the Western Han Dynasty. The biography of the King of Chu, written in the book of *Han : Liu Bang*, was written: "Liu Jiao is the Chu King, ruling Xuejun, Donghai and Pengcheng three shires, consists of thirty-six counties." At that time, Chu State located in a rich place where have a developed economy and strong strength. Liu Jiao, as the first King of Chu, was the founder of Chu State. Chu State in the Western Han Dynasty made comprehensive development in politic, economy and culture, which became the best period in Xuzhou's history, and the jade production in Xuzhou also entered the golden period. At this stage, the tombs of the Chu King found in Shizishan Mountain and Beidongshan Mountain were large in scale, complex in shape, and numerous in utensils. Only one tomb unearthed in Shizishan Mountain have 200 jade wares, and were rich in types, including jade coffins, jade clothes, jade pillows, Jade-Bi, Jade-Huang, and jade dragon, among which the number of Jade-Huang reached more than 90 pieces. In addition, some medium-sized tombs also found a large number of high-grade jades, such as Liuzai's tomb, Houloushan's tomb group and Tianqi's Liufan tomb in Hanshan Mountain, Xuzhou. Even the unknown Liuhe's tomb also unearthed exquisite silver ray of jade clothes. In 1992, 33 jades were unearthed from Liuzai's tomb at the top of Hanshan Mountain. Among the thousands of Han tombs found in Xuzhou, more than 100 tombs were buried with jades, almost all of these tombs were buried in the early Western Han Dynasty, which fully reflected the grand situation of jade in the early Han Dynasty. However, during the reign of Liu Wu, the third generation of Chu King, he had a bad relationship with the imperial court. Emperor Jing planned to cut off Donghai and Xuejun of Chu. Liu Wu conspired with Liu Bi, the King of Wu. When the book writing the cut territory affairs came, Wu and Chu joined forces with Zhao, Jiaoxi, Jiaodong, Luochuan, Jinan and other seven kingdoms to rebel. That was called "Rebellion of Seven

Kingdoms".Later, they were defeated and committed suicide. The state of Chu was cut off Donghai and Xuejun, only one shire Pengcheng was left for their reign, which weaken their power. From the fourth generation of Chu King, the phenomenon of jade burial has decreased significantly from the feudatory king to the common nobles. After the middle of the Western Han Dynasty, many large and medium-sized tombs have been excavated. The owner of Han tombs in Guishan Mountain is Liu Zhu, the sixth generation of Chu King, and his wife, their tombs have been robbed, but it is still clear that there were no jade clothes, let alone jade coffins. Tombs in Dongdongshan Mountain is a joint tomb of one king and two empresses. Among them, the well preserved Dongdongshan M2[1] doesn't have jade clothes, and not so many jades were found in the tomb; The owner of M2 tomb in Woniushan Mountain may be Liu Dao, the fifth generation of Chu King, and the jade pieces unearthed here are in the same size of nails, obviously not jade clothes[2]. In the same period, there were also some other tombs at feudatory level, such as the tomb of Bingchangweng[3], the sister of the King of Chu, and the tomb of Liuqi[4] in Pantaoshan Mountain, where the "Seal of King" was unearthed. They all well-preserved. However, no jade pieces and jade articles such as jade clothes, jade masks and jade headgear were found. This shows that after the "Rebellion of Seven Kingdoms", the jade funeral system of Chu State in the Western Han Dynasty has quietly changed, though there is no record in the historical books. In the Eastern Han Dynasty, there were two shires in Xuzhou: Pengcheng and Xiapi. Pengcheng was granted one generation of Chu King and five generations of Pengcheng King. Xiapi was granted four

---

① Xuzhou Museum: A Report on the Clearance of Han Tombs in Shiqiao Mountain, Xuzhou, *Cultural Relics*, Issue 11, 1984, pp.22-40.

② Geng Jianjun, Liu Chao: Excavation of Han Tombs in Xiwoniushan Mountain, Quanshan District, Xuzhou City, *Archaeology in Jiangsu* (2010-2011), Nanjing Publishing House, 2013, pp.90-91.

③ Nanjing Museum: Han Cliff-cave Tomb in Xiaoguishan Mountain, Tongshan County, *Cultural Relics*, Issue 4, 1973.

④ Xuzhou Museum: A Brief Report on the Cleaning of the Han Tombs at Taolou in the Eastern Suburb of Xuzhou, *Archaeology*, Issue 1, 1993.

generations of feudatory King.Like other feudal kings, they had no more privileges.Moreover,the jade system in the Eastern Han Dynasty has been formed into a standard and strictly customized. The Han tomb No. 2 in Tushan Mountain, Xuzhou, may be the tomb of the queen of Pengcheng king of one generation, it has not been robbed and unearthed silver ray jade clothes.In Yaoji,Suining,10 kilometers away from the capital of Xiapi,the tomb No.1 of Liulou was found.More than 140 pieces of jade clothes were unearthed, but scholars did not know what it was at that time and named it "Yupai". In fact, it was also jade clothes made by copper strand. This shows that the feudal king of the Eastern Han Dynasty followed the unified funeral system and did not surpass. Therefore, the development of Han jade in Xuzhou has a very strong characteristic of stage. It was the early Western Han Dynasty, about 154 BC, the jade was once at the leading level in the country.

(3) Characteristic of Integration

Han jade in Xuzhou has the characteristic of integration, which is reflected in its inheritance and development. China's jade culture has a long history. As early as the Neolithic age, a large number of exquisite jades were found in Liangzhu Culture in the Yangtze River Basin, Qijia Culture in the Yellow River Basin and Hongshan Culture in the Liaohe River Basin. Yin Ruins of the Shang Dynasty also unearthed numerous jades.Jade was a beautiful image in the eyes of the ancients and played a religious or ceremonial role.In the Eastern Zhou Dynasty, the idea of jade virtue was put forward,and gradually systematized the use of jade.Guan Zi pointed out that jade had nine virtues, Confucius thought that jade had eleven virtues,Xunzi also put forward that jade had seven virtues. Under the influence of various theories,jade culture developed unprecedentedly. The ideas of "Compare the virtue of a gentleman with jade." and "Don't take down jade with no reason." were deeply rooted in the hearts of the people.Liu Jiao,the first King of Chu in the Han Dynasty, lived in the Eastern Zhou Dynasty for a long time, and when he was young, he went to study the *Book of Songs* with Mu Sheng, and has a profound knowledge. He is the one who "love books and versatile"[1]. After he was granted the state of Chu, Liu Jiao gave a banquet for these Lu people to participate in the political affairs of Chu. "Gives Mu Sheng, Bai Sheng and Shen Gong the literate and officials." Except for discussing political affairs, they focused on study together: Shen Gong wrote a book regarding the *Book of Songs*, which is known as *Lu Shi*; Liu Jiao assiduously studied the *Book of Songs* and is monograph on this book is later known as *Yuan Wang Shi*. Under this background, the jade culture formed since the Eastern Zhou Dynasty undoubtedly had a great influence on Liu Jiao. So far, the shapes and patterns of jade found in Xuzhou are similar to those of the Spring and Autumn Period and Warring States Period. The funeral jade was a copy of the previous dynasty, such as jade mask, jade mouth plugs, etc., especially the customs of buried with jade centered on jade clothes, which all were rooted in the soil of Zhou culture.

Xuzhou is located in the Huang-Huai plain, which is a corridor for cultural exchanges between the north and the south. Therefore, many cultures and jade manufacturing have converged and collided in Xuzhou since ancient times. As early as the Neolithic age, a large number of Liangzhu Cultural Relics[2] were found at Huating site, which is 100 kilometers east of Xuzhou, indicating that the cultural exchange in Xuzhou-Huainan area has a long history. At the end of the Spring and Autumn Period, in the reign of King Hui of Chu, "After Yue exterminated Wu, Yue had no control over area north of Yangtze River and north of Huaihe River, and the Chu gradually recovered, invaded east Yue and extended its border to Sishang[3]." Chu's power has reached the north of

---

[1]　Ban Gu: *History of the Han Dynasty: Liu Jiao* (Volume 36), Zhonghua Book Company, 1962.

[2]　Nanjing Museum: *Huating: Neolithic Cemetery Excavation Report*, Cultural Relics Publishing House, 2003.

[3]　Sima Qian: *The Historical Records: Chu's Clan* (Volume 14), Zhonghua Publishing House, 1959, p.1719.

Sishui River. During the Warring States Period, *Huainan-Zi : Soldier Training* recorded that "*The south of Chu are Yuanshui River and Xiangshui River; the north are Yingshui River and Sishui River; the west is Bashu land, and in the East, are Tan country and Pi country.*" It shows that the Chu people has reached the south of Shandong Province, which means that Xuzhou was in the Chu territory. In the 13th year of King Jian of Zhou Dynasty, Chu and Zheng jointly attacked Song Dynasty and captured Pengcheng. King Xuan of Zhou even made Chu-General Pengcheng King. In the late Warring States Period, the center of Chu people moved eastward to Jianghuai area because of the strong attack of Qin Dynasty. Shouchun (Shouxian County in Anhui Province) was once regarded as the capital city which makes Xuzhou was deeply influenced by Chu culture, and the cultural activities in Xupei area in the early Han Dynasty also left the symbol of Chu culture. Liu Bang, who has lived in Pei county for a long time, sang the popular "Strong Wind Song" at the banquet when he returned home: "The wind is blowing, the clouds are surging with the wind. How can we get warriors and defend our country!" The Chinese character "Xi" appears repeatedly, which is a typical manifestation of Chu Ci. From this we can see the far-reaching influence of Chu culture. Besides, Xuzhou is located in the north of Jiangsu Province on the Huang Huai plain. In history, it was the capital of the Song Dynasty, only a hundred kilometers away from Qufu, the capital of the state of Lu. When Confucius traveled around the world, he went to Lvlianghong, Xuzhou, to watch the continuous flow of floods, leaving the words: "The pass of time is just like the flow of water, day and night, never stop." Up to now, there are still Confucius's "Flood Viewing Pavilion" in Lvliang, which shows that there were frequent cultural exchanges in Xuzhou at that time. Both Chu culture and Lu culture left an imprint in Xuzhou. It was in this open cultural environment that jade workers in Xuzhou absorbed and integrated advanced technology at that time, and produced a large number of high-level jade wares. The characteristics of Han jades in Xuzhou shows that the style and characteristics of its jades in shape and craft are obviously inherited from Chu jades. Numerous Chu jades displayed in Hubei Provincial Museum and Jingzhou Museum are similar to the types of Han jades unearthed in Xuzhou. This is the source of Han jades in Xuzhou. Specifically, it is closer to the double dragon jades and Jade-Huang[1] unearthed in Changfeng, Anhui Province buried in the late Warring States Period. Its shape and style are almost the same, reflecting the obvious associated relations. At the same time, it has a clear inheritance relationship in composition and shape with the artifacts unearthed from the tombs of the early Warring States Period in Qufu, Shandong Province[2]. It can be seen that the jades of Chu State in Xuzhou were not influenced by one culture. When discussing the origin of jades from the tomb of King Chu in Shizishan Mountain, scholars like Wei Zheng thought that they were made by a jade workshop mainly composed of jade workers from Chu and Lu in the Warring States Period[3]. Therefore, we hold that Han jade in Xuzhou was deeply influenced by the culture of the south and the north, and it was the result of the cultural integration of different regions.

Xuzhou Han jade embodies the characteristics of connecting the past and the future. The integration is reflected in two aspects: different times and different regions. On the one hand, it inherited the concept of jade usage in Zhou culture. On the other hand, it absorbed the jade making technology of Chu and Lu. It inherited the Spring and Autumn Period and the Warring States Period, and then the Three Kingdoms, Wei, Jin and Southern and Northern Dynasties. It continued to develop the funeral use of jade in Zhou Dynasty, and produced a large number of new living utensils, which expanded and emphasized the practicality of jade,

---

①   Anhui Cultural Relics Team: Nine Warring States Tombs Excavated in Changfeng, Anhui Province, *Archaeology Collection*, Issue 2, 1982.

②   Shandong Institute of Cultural Relics and Archaeology: *Qufu: The Old City of Shandong Province*, Qilu Publishing House, 1982.

③   Wei Zheng, Li Huren, Zou Houben: Excavation and Harvest of Shanxi Han Tombs in Shizishan Mountain, Xuzhou City, Jiangsu Province, *Archaeology*, Issue 8, 1998.

accelerating the pace of secularization, making jade approach to people's life, and directly opening the tide of jade practicality.

(4) Characteristic of Typicality

In terms of the vertical development of Chinese jade, from the Neolithic age, Chinese people attached great importance to jade, forming three peaks of jade culture development: the late Neolithic period, the prosperous period of Shang Dynasties, and the Spring and Autumn and Warring States Periods. The establishment of a unified Han Dynasty created the most brilliant golden age of jade development on the basis of highly developed economy and culture. Make a comparison between Han jades in Xuzhou and other parts of China, it is concluded that the Han jades in Xuzhou are undoubtedly the best in China, with the largest number and the most complete types. Some jades are first appeared in Xuzhou; some of the jades are orphans that no second one has been found in the whole country so far. The quality of the jades in Xuzhou is the best. Therefore, the Han jades in Xuzhou represent the highest level of the Han Dynasty and is another peak in the development Chinese jade.

Since the 1980s, Xuzhou has discovered and excavated various types of tombs, unearthed tens of thousands of funeral objects. Relying on these resources, several Chinese cultural scenic spots, such as Xuzhou Han Cultural Scenic Spot, Guishan Mountain Han Tomb, Xuzhou Museum and Han Dynasty Stone Portraits Museum have been established. Xuzhou Han culture has a wide influence at home and abroad, "Wu and Han Style" has gradually become the representative of Jiangsu culture. Some scholars called Xuzhou Han tombs, Han terracotta warriors and horses, Han stone portraits as the three wonders of the Han Dynasty, but this ignores the value of Xuzhou Han jade. In fact, the so-called "three wonders" of the Han Dynasty is questionable. First, the terracotta warriors and horses and the Han Dynasty stone reliefs were unearthed from Han tombs, the three "wonders" are not juxtaposed. Although Han tombs in Xuzhou have a large number and scale, many similar tombs have been found in China,

such as the Han Tombs in Mancheng[1], Hebei Province, the tomb of King
Lu[2] in Jiulong Mountain, Qufu, and the tomb of King Liang[3] in
Yongcheng, Henan Province. In particular, the scale of Baoanshan
Mountain tomb No. 2 is much larger than tombs in Xuzhou. Secondly,
terracotta warriors and horses of the Han Dynasty are also found
throughout the country, like in Yangling, Shaanxi[4], Yangjiawan,
Xianyang[5] and other places. Thirdly, there are four concentration areas of
Han Dynasty stone reliefs in China, namely Nanyang, Sichuan, Shanxi,
Southern Shandong and Northern Jiangsu. Xuzhou Han Dynasty stone
reliefs are only one part of them, and the quantity is not as good as
Nanyang, and the degree of delicacy is not as good as that of southern
Shandong. Therefore, from a nationwide perspective, the Han tombs,
terracotta warriors and horses and Han stone reliefs in Xuzhou are not
unique, and the quality is not the highest. However, the number of jades
unearthed in Xuzhou in Han Dynasty is numerous and the specifications
are high, which is far from comparable to other places in China: more than
200 pieces of jade have been unearthed from a tomb of Chu King
Mausoleum in Shizishan Mountain. Among the more than 200 Han tombs
found in Xuzhou, 1000 pieces of jade have been unearthed. All kinds of
shapes and uses of jade have been found, covering almost all aspects of
Han Dynasty jade. On the contrary, the King of Changsha in Hunan was a

[1] Technical Office, Institute of Archaeology, Chinese Academy of Social Sciences, Hebei
Provincial Administration of Cultural Relics: Excavation Report of Mancheng Han Tomb, Cultural
Relics Publishing House, 1980.

[2] Shandong Provincial Museum: Excavation of Han Tomb in Jiulongshan Mountain, Qufu,
Cultural Relics, Issue 5, 1972.

[3] Henan Institute of Cultural Relics and Archaeology: The Royal Mausoleum and Cemetery
of Liang State in the Western Han Dynasty in Yongcheng, Zhongzhou Ancient Books Press, 1996.

[4] Ma Yongying, Wang Baoping: Into Hanyang Mausoleum, Cultural Relics Publishing
House, 2001.

[5] Cultural Relics Administration Committee of Shanxi Province, Xianyang Museum:
Numerous Painted Pottery Figurines of the Western Han Dynasty Unearthed in Yangjiawan,
Xianyang City, Shanxi Province, Cultural Relics, Issue 3, 1966.

king of different surnames with emperor, with few jades buried with him; the quality of jades from Han Tombs in Mancheng was not good; the tombs of Liang King in Henan and Lu King in Shandong were seriously robbed, and the quantity of jades was small; the tombs of Nanyue King in Guangdong were well preserved, with a large number of jades unearthed, but the overall quality of jades was slightly poor. At present, Xuzhou Museum is the museum with the largest collection of Han jades. It has the only exhibition hall of Han jades in China. There are many kinds of Han jades on display, and the quality is exquisite. Even in Beijing Museum, Shanghai Museum, Xi'an Museum and other major museums, one cannot see so many jades. When visiting Xuzhou Museum, the jade hall has become a must-see exhibition hall, and some guests must go to see Han Jades even they have only ten minutes free. The jade of Xuzhou Museum, the bronze of Baoji Museum and the lacquer of Jinzhou Museum have become the three major characteristic museums recognized by the cultural circles in China. In recent years, most of the external cultural exhibitions of Xuzhou Museum have focused on jades. In 2016, the "Dream of the King of Chu: Jade Clothes and Immortality—the Han Dynasty Collection Exhibition of Xuzhou Museum" was held in the China Art Museum of Huamei Society in New York. Among the 106 cultural relics on display, the number of jades was the largest, which was almost a special exhibition of ancient Chinese Han jade[1]. In the same year, a series of exhibitions of Chinese civilization, "Dragon and Phoenix, Unearthed Jades from the Tomb of the King of Chu in Xuzhou", were held in Beijing Art Museum, and there were 89 groups of 120 pieces of Han Jades on display[2]. When holding exhibitions, some museums often borrow the jade clothes and coffins from Xuzhou Museum, which have aroused widespread concern in

---

① Hai Weilan: Tomb of the King of Chu: Jade Clothes and Immortality, *Collection of Han in Xuzhou Museum*, Jiangsu Phoenix Fine Arts Publishing House, 2017.

② Beijing Fine Arts Museum, Xuzhou Museum: *Dragon and Phoenix: Jade Unearthed from the Tomb of the King of Chu of Han Dynasty in Xuzhou*, Beijing Fine Art Photography Publishing House, 2016.

different countries and regions. The "Han Cup" national jade carving competition was held in Xuzhou in 2017. Among the experts and contestants who came to Xuzhou, a hot post was widely spread: "A museum in a third-tier city has become a holy land for jade carvers to worship." The praise for the jade in Xuzhou Museum can be seen. The Han Dynasty cultural relics represented by jades in Xuzhou have long been famous all over the world. However, the current academic and tourism circles are obviously lack of understanding about this, and the development and utilization of jade culture in Xuzhou is insufficient. It is necessary to re-recognize and re-position the Han jade in Xuzhou area, make great efforts to promote the sorting and research of Han jade unearthed in Xuzhou, publish the atlas and research articles on Xuzhou Han jade, and introduce the beauty of Xuzhou Han jade to the world. It's the responsibility of a practitioner.

Ⅲ. The Historical Value of Han Jade in Xuzhou

The Han jade in Xuzhou is of great academic value. The various jade wares were mainly excavated and unearthed by archaeology, which has a clear time and place. It can provide an exact date for tombs and provide reference for the authenticity of Han jades handed down. It is also of great significance for the social, political and economic research of the Chu State in the Han Dynasty.

The historical records of Chu State in Han Dynasty are brief, and the development of handicraft industry is unknown. However, a large number of Han jade unearthed indicates that there was a developed handicraft industry in Chu State. At present, most of the Han tombs in Xuzhou are found with jades, among which the tombs of King Chu in Shizishan Mountain and Beidongshan Mountain are the most. The great variety and large quantity of Xuzhou Han jades bear a lot of information, which greatly enriches the understanding of the jade industry of Chu State in Han Dynasty. The production of jade is a complex system, especially the large-scale jade such as jade coffin. From the mining and transportation of jade materials to the cutting and polishing of jade, it involves many processes and requires the cooperation of many departments. Although the jade workshops and tools in Xuzhou have not been found, many jade products unearthed in Xuzhou retain processing marks. A number of jade materials, leftovers and semi-finished products were unearthed from the tombs of the Western Han Dynasty in Baiyunshan Mountain and Shitun, and the tombs of Eastern Han Dynasty in Qiaojiahu, whose owners may be jade artisan or their relatives,[1] indicating that Xuzhou had its own jade processing industry. Most of the unearthed jades were made by local jade workers with superb manufacturing technology. At present, 15 pieces of jade clothes have been found in Xuzhou, and 3 of them are complete. The shape of jade clothes is very different from that of other places in China. Therefore, these jade clothes must be made by local workshops in Xuzhou. The size of jade clothes is huge and the quantity of jade is large. According to scholars' research, it takes a skilled jade worker 10 years to make a jade cloth.[2] The discovery of these jade clothes shows that the Western Han States of Chu and Pengcheng had a group of skilled craftsmen who worked in the court workshops of Chu for many years. History records that Liu Ying, King of Chu in the Eastern Han Dynasty, wrote "golden tortoise, jade crane, engraved characters as auspicious symbol" in Pengcheng[3], which suggests that Chu had a group of skilled jade workers. The excavation of Han jade in Xuzhou has provided a clear understanding and position for the development of handicraft industry which have an important historical value. Mr. Liang Yong pointed out: "The discovery of

---

① Li Yinde, Qian Guoguang: On the Jade Industry of Pengcheng in the Han Dynasty, *Collection of 30 years Commemorative Works of Xuzhou Museum*, Beijing Yanshan Publishing House, 1992, p.97.

② Technical Office, Institute of Archaeology, Chinese Academy of Social Sciences: The Cleaning and Restoration of "Golden Jade Clothes", Technical Office, Institute of Archaeology, Chinese Academy of Social Sciences, Hebei Provincial Administration of Cultural Relics: *Excavation Report of Mancheng Han Tomb*, Cultural Relics Publishing House, 1980, p.349.

③ Fan Ye: *Later Han Dynasty: Etiquette* (Volume 2), Zhonghua Book Company, 1965, p. 1429.

Han jade in Xuzhou has opened up a new way of thinking and new materials for us in studying the history of Chu state in the Western Han Dynasty, and the development history of handicraft industry."①

There were many jade wares unearthed in Xuzhou, which also consumed a large number of jade materials. The jade clothes unearthed in Shizishan Mountain were incomparably exquisite and were all made of high-quality jade. Generally speaking, this kind of jade was mostly used to make jade ornaments or other practical utensils, but the owner of Shizishan tomb was used to make jade clothes, which shows that the jade materials were abundant. However, no jade mine has been found in Xuzhou. There are different opinions on the origin of jade materials used in Chu State. In the past, Mr. Wang Kai pointed out when discussing the jade wares of Shizishan Mountain: "The jade used by the tomb owner is all white jade from Hetian and jasper from Manas region in Xinjiang, with excellent texture."② Mr. Sun Ji also held the same view. ③ Later, Gu Xianzi and other scholars ruled out the possibility that the jade materials came from Manasi (Xinjiang), Hualian (Taiwan), Xiaomeiling (Liyang, Jiangsu), Xiuyan (Liaoning), Longxi (Wenchuan, Sichuan) and Luanchuan (Henan) based on the analysis of trace and rare earth elements of the samples from Shizishan tomb, but determined that the samples were similar to jade in Hetian, Xinjiang. By modern testing methods, it was determined that five pieces of jade from jade clothes sewn with gold wire and four pieces of jade from jade coffin were tremolite nephrite, which was from Hetian, Xinjiang. It is speculated that Hetian jade had covered the Chu culture area in the early Western Han Dynasty and became an

---

① Liang Yong: The Historical Value of Han Dynasty Jade Unearthed in Xuzhou, Guangming Daily, April, 8th, 2003.

② Wang Kai: Jade Unearthed from the Tomb of the King of Chu in Shizishan Mountain, Xuzhou, Chinese Archaeological and Art Research Centre, CUHK: Jade in East Asian, 1998.

③ Sun Ji: Notes on the Cultural Relics Unearthed from the Tomb of the King of Chu in Xuzhou, National Museum of China, Xuzhou Museum: *King Chu of the Han Dynasty: Collection of Cultural Relics from the Tomb of King Chu of the Western Han Dynasty in Xuzhou*, China Social Sciences Press, 2005, p.43.

important or mainstream source of court jade materials. Recently, some scholars have investigated a group of jade unearthed in Shizishan Mountain including jade dragon pendant, Jade-Bi, jade ring, jade-ware and jade sword tools and so on. It was pointed out that the materials of these jade wares were significantly different from those of Hetian jade, but they were very similar to those of Gansu flash jade whose texture is more transparent and highly-polished, but not oily, the structure is slightly loose and light, and the interior is mixed with red spots. The color of white jade is pale. Therefore, it was speculated that the source of jade material was jade mine in Mabin Mountain.① The above views deepen our understanding of the origin of Xuzhou jade materials. From the characteristics of Han jade unearthed in Xuzhou, the jade is warm and moist, and the structure is fine. Although the origin of jade materials cannot be determined, we can say that the jade belongs to Hetian jade in Xinjiang. At the same time, there are jade from other regions. Therefore, it can be said that the sources of Xuzhou jade materials are diverse and not limited to a certain area. At that time, Chu's geographical location and transportation had big advantages, whether in the south or the north, Hetian jade in Xinjiang or Mabin jade in Gansu, were able to reach Xuzhou. Of course, the most possible origin was the western regions. In terms of political and spatial connection, there was no barrier between Xi'an and Xuzhou. If jade materials can reach Xi'an, Xuzhou can also get the corresponding supply of jade materials.

It cannot agree that some scholars think the road is far away and lack of transportation for the Silk Road has not been opened, therefore the jade in Xuzhou was not made of Hetian Jade. Human migration and communication have existed since ancient times. The communication of various cultures in the late neolithic period has been very frequent. The communication and interaction between ancient Chinese people are more than we think. Xinjiang was once the center of Asia-Africa-Europe exchanges. During the Spring and Autumn Period and the Warring States

---

① Ding Zhe: Gansu Diorite Jade and "Jade Road", *The Public Archaeology*, Issue 2, 2017.

Period, the communication between the central plains and the western regions was further strengthened. In early years, Mr. Tong Enzheng pointed out that there were several mountains extending eastward in the northeast of the Qinghai-Tibet Plateau, namely the Qilian Mountains in Qinghai, the Helan Mountains in Ningxia, the Yinshan Mountains in Inner Mongolia, and the Great Xing' an Mountains in Liaoning and Jilin. Although these mountains stretch for thousands of miles, with half-moon shaped encircles the land, but from the late neolithic age to bronze age, a number of ethnic groups living in this area have left a number of common cultural factors. The similarities of these cultural factors are so obvious that it cannot be explained by "coincidence". We can clearly propose that there is a half-moon shaped cultural transmission belt in the border area from northeast to southwest of China[①]. In fact, before the opening of the Silk Road, there was a commercial communication route among the people, which was called "the Jade Road", and this road is much earlier than Zhang Qian's access to the western regions. Through archaeology, it has confirmed that about 3000 years ago in Xinjiang, there were jade mining and jade carving tribes. They extended from the Hetian area of Kunlun Mountain to the East and West, and transported Hetian Jade to distant places. More than 700 pieces of jade were unearthed from Fuhao tomb of Shang Dynasty in Yin Ruins of Henan Province. By analyzing 300 pieces of jade, it is found that most of them are Hetian Jade. This is the authentic physical data shows the inflow of Hetian Jade into the mainland. And it is speculated that the rudiment of "Jade Road" may exist five or six thousand years ago. *The Historical Records*: Zhao Family explicitly mentions the jade in Kunshan Mountain.[②] In addition, both the *Mister Lv's Spring* and *Autumn Annals* and the *History of the Han* have records related to Kunlun jade. Therefore, we believe that the exquisite jade from the eastern

---

① Tong Enzheng: On the Half-moon Shaped Cultural Transmission Belt from Northeast to Southwest in China, Southern Civilization, Chongqin Press, 1998.

② Sima Qian: *The Historical Records*: *Zhao's Clam* (volume 43), Zhonghua Book Company, 1959, p.1818.

State of Chu use high-quality jade materials came from the remote western regions. The jade unearthed from the Han tombs in Xuzhou was in the early Western Han Dynasty, which again proved that before the Zhang Qian's mission to the western regions (139 B. C.), the folk trade and logistics had been in progress, probably on a small scale, but never stopped. The so-called Zhang Qian's open of the "Silk Road" only marks the legal establishment of exchanges between governments, that is, from sporadic, intermittent and small-scale non-governmental exchanges to large-scale, continuous and combined governmental and people's exchanges[1]. Zhang Qian's two missions to the western regions provided possibility to redevelop of the "Jade Road". The merchants transported a large amount of silk and medicinal materials from the central plains to the western regions, and brought back a large amount of jade and local specialties. Emperor Wu of the Han Dynasty set up the "Yumen Gate" in Gansu, where the jade entered the country, and the "Silk Road" became famous all over the world. The unearthed Han jade in Xuzhou complements the trade history of the Silk Road,[2] further enriches our understanding. Some scholars have pointed out: "if we take the late Warring States Period and the Western Han Dynasty as a whole, then Zhang Qian's mission to the western regions and the opening of the Silk Road should be the restoration of cultural exchanges between northern China and Eurasian grasslands, rather than the opening of the Silk Road[3]." Therefore, the excavation of Han jade in Xuzhou is of great significance, providing a new vision for the Silk Road, so that we need to reconsider the history of East-West transportation and the time and mode of commodity exchanges.

---

① Wang Wei: Silk Road before Han Dynasty, *Oriental Morning Post*, December 30, 2015.

② Liang Yong: The Historical Value of Han Jade Unearthed in Xuzhou, *Guangming Daily*, April 8, 2003.

③ Pan Ling: The Change of Cultural Exchange between Northern China and Eurasian Grassland from Late Warring States Period to Middle Western Han Dynasty, *Han Tomb Archaeology and Han Culture*, Science Press, 2016, p.505.

In addition, the Han jades in Xuzhou have important significance in providing reference for the authenticity of Han jades handed down. The jades have a clear characteristics and obvious evolution law, which has important supporting value for the research on the exact date of the tombs and the burial law of the tombs through sorting of the jades unearthed in the tombs. Jade is a symbol of status and rank, the literature has clear records on the use of different jades by different ranks, so the unearthed jades of various shapes can preliminarily determine the status of the tomb owner. In particular, some jade seals unearthed from tombs having a clearly record of the names of tomb owners, such as Liuhe tomb in Huoshan Mountain[1], Liushen Tomb in Heitoushan Mountain[2], Liuzhishan tomb in Cuipingshan Mountain[3], Liunuzai tomb in Hanshan Mountain[4] and so on, which can directly determine the identity of these tombs are Liu's clan, which is helpful to the classification of Han tombs. Besides, the Han jade in Xuzhou has the significance of specimen in the falsification. The unearthed Han jade in Xuzhou is archaeological excavated with clear unearthed place and era, whose type, decoration, technology and characteristics are the best reference for the identification of the authenticity of similar artifacts.

IV. The Rise and Fall of Xuzhou Han Jade

From archaeological excavations in recent years, it can be seen that Han jades in Xuzhou have a large quantity. In the early Western Han Dynasty, the jade processing and production in Xuzhou reached the peak of the Han Dynasty. Jade clothes and coffins first appeared in the early Han Dynasty. The quality of jades unearthed from the tombs of Chu King in

---

① Xuzhou Museum: Han Tombs in Huoshan Mountain, Xuzhou, *Chinese Archaeological Yearbook*: 1997, Cultural Relics Publishing House, 1999, 132-133.

② Xuzhou Museum: Excavation of Liu Shen Tomb of Han Dynasty in Heitoushan Mountain, Xuzhou, Jiangsu, *Cultural Relics*, Issue 11, 2010.

③ Xuzhou Museum: Excavation of Liu Zhi Tomb of the Han Dynasty in Cuipingshan Mountain, Xuzhou, Jiangsu, *Archaeology*, Issue 9, 2008.

④ Xuzhou Museum: The Western Han Tombs in Hanshan Mountain, Xuzhou, *Cultural Relics*, Issue 2, 1997.

Shizishan Mountain and Beidongshan Mountain were the highest in China for the productivity at that time.

Chu was the place where Emperor Gaozu started his army and also his hometown of Sangzi. Emperor Gaozu attached great importance to it and appointed his half-brother Liu Jiao as King of Chu. Liu Jiao, the first King of Chu, lived up to his elder brother's trust. After arriving in Chu, he took a series of measures to resume production and rebuilt this region. After 23 years of governance, he turned Chu, a state destroyed by war, into a powerful one in the east. At that time, the State of Chu located in a good position of the world with developed economy and strong national strength achieving all-round development in politics, economy and culture, which became the best period in the history of Xuzhou. Liu Jiao was the founder of the State of Chu, he stopped warring and developed culture at the beginning of his reign. He appointed Weibo as Grand Preceptor and other famous Confucian scholars as officials including Shengong, Baisheng, Musheng. They participated in politics, and established a perfect bureaucratic system. Although the history books did not record the establishment of the country's system, the seal[①] unearthed from the tomb of Chu King in recent years reflected Chu's official including court official, army official and local official which shows that there was a complete official system in Chu State at that time, and it entered a normal and benign development track in politics. Economically, Liujiao enjoys privileges. As Liu Bang's hometown, it is free of rent. Agriculture, commerce and handicraft industry have made great progress. The economy and society of Chu State in the Western Han Dynasty have achieved all-round development. In China's coastal economic chain, Huaihai area was the most prosperous and powerful link in the history of early Han Dynasty. In the early stage, the maritime industry was underdeveloped, and the coastal areas were still in the mud marsh. However, Xuzhou relied on

---

① Wang Kai: The Significance of the Study on the Unearthed Seal to the Western Han Dynasty, *Cultural Relics*, Issue 8, 1998.

the hinterland of the Central Plains, it had both the geographical advantages of the Huang Huai plain and the benefits of Liu Bang's hometown, and was close to the developed cultural circle of the central Plains, which made Xuzhou a metropolitan for a time in the Han Dynasty, and the State of Chu in the Western Han Dynasty became a powerful place in east. Liu Ying (Ke), the second generation of Chu King, served as Zongzheng (official) for a long time and managed the affairs of the whole royal family. When Liu Jiao, the first generation of Chu King, died and the crown prince Liu bi died in early age, Emperor Wen appointed Liu Ying (Ke) as the second generation of Chu King. He applied the good experience and practice he learned in the court to the governance of Chu, and Chu continued to develop. It's a pity that he didn't hold office for a long time. Four years later, it was handed down to his son Liu Wu. Liu Wu ruled the State of Chu for 21 years. Although Liu Wu's personal character was flawed, he was still on the right track in national governance. Until 154 B. C. that the "Rebellion of Seven Kingdoms" between Wu and Chu broke the development process of Chu. The Chu State was cut off Donghai and Xuejun, and only Pengcheng shire including seven counties were left. From then on, the Chu State began to turn from prosperous to weak. Especially in the period of Emperor Wu, the policies of "Tui En Ling", "Zuo Guan Lv" and "Fu Yi Fa" (Laws designed to strengthen centralization) were implemented. The kingdoms were further divided, and their political and economic influence was increasingly reduced till "Only get some food, clothes and taxes but cannot participate in politics".[1] Under such a political background, Chu never recovered. Therefore, from the beginning of Liu Jiao's reign in 201 B. C. to the "Rebellion of Seven Kingdoms" in 154 B. C., the 48 years has become the best period in the history of Chu, which eventually led to the peak of jade development appeared in the early Han Dynasty.

---

[1] Ban Gu: *History of the Han Dynasty*: *Feudatory King* (Volume 14), Zhonghua Book Company, 1962, p.395.

In the Eastern Han Dynasty, Xuzhou was divided into three kingdoms, namely Chu, Pengcheng and Xiapi. The shocking case of "Chu prison" made thousands of people died, the King Liu Ying committed suicide and the state of Chu perished. Later, Emperor Zhang granted his brother Liu Gong the title of King of Pengcheng. The fifth generation of its king is Liu Zhong, who was demoted as a marquis in the Cao and Wei Dynasty. The three vassal states were different in ruling time and cover area, but all their powers were very small, which was very different from that in the early Han Dynasty. In addition, a perfect hierarchical system had been formed in the field of funerals. The vassal states complied with it, which they could not overstep. In this era, the jade wares in Xuzhou were the same as those in other parts of the country. The jade clothes unearthed from Pengcheng in Tushan and the Eastern Han tombs in Hebei Province were almost the same in shape, without innovation and typicality like the early Western Han Dynasty. The jade system and processing technology in Xuzhou in the Han Dynasty were inevitably decline.

Above all, Xuzhou Han jade has distinctive Han characteristics and regional style. In the early Western Han Dynasty, Chu jade was well-developed, with its own special manual workshops. Large jade production technology was mature, and small jade carving was exquisite. The number of ceremonial jades reduced, and the funeral jades was large. Han jade paied equal attention to inheritance and innovation, inherited the artistic style of Chu and Lu, and teemed with the jade with innovative characteristics, such as jade cloth, jade mask, jade pillow, jade grip and so on. In the middle and late Western Han Dynasty, the political status of the Kingdom declined, the economic strength was poor, the unified system of the Han Dynasty was established, the operation system of the kingdom was standardized, and the local characteristics gradually disappeared, which made the characteristics of jade making and burial in Xuzhou were similar to that of the whole country. This is a preliminary understanding of Xuzhou Han jade from the materials we have at present. Of course, there are too many academic gaps about Xuzhou Han jade, such as the research on its artistic style, modeling characteristics, processing technology and weathering mechanism has not been involved, which require further research in the future.

刘照建 徐州市文物保护和考古研究所所长,研究馆员。

李雯雯 中国矿业大学外国语言文化学院教师。

汉代时空图式及其演变初探

李志强

摘要："四方上下谓之宇,往古来今谓之宙"。时间与空间的观念贯穿于人类认识世界的整个过程,是我国古代宇宙观的重要内容。古代时空图式是以时空统一、宇宙万物有机统一、天人合一为基本理念,以象数的形式所做的人类认识世界和改造世界的图像记录。汉代时空图式的重要性在于:一方面,继承并保存下了上古时期时空图式历史资料;另一方面,是汉代人在科学、哲学与宗教巫术基础之上,以天文历法等科学为构架,以阴阳五行为指导思想,站在哲学的高度上,将人类的知识进行整合,而形成的以象数、卦气为主要形式的宇宙观图式,具有鲜明的时代特色,在汉代图书学、易图学、汉画学、谶纬学中具有无可替代的作用。汉代时空图式的产生、发展及其演变,充分体现了"河图洛书""式盘和博局图""太一九宫图""图谶"以及汉代博局镜的标志"OTLV"等重要图式,有着共同的历史文化渊源和密切的关系,是进一步认识汉代历史的重要史料。

关键词:汉代时空图式;式盘和博局图;太一九宫图;河图洛书;图谶

一、时空图式的起源

人类对时间和空间的科学认知,经历了由动物本能认识到人类主观能动认识的转变过程。动物顺应太阳周而复始地运行而作息,依季节变化而迁徙,因冷暖消长而退换毛皮等现象,皆是自然而然、天经地义的动物本能使然。当人类脱离了这种本能,以主观能动的眼光审视世界,便产生了理性思维的飞跃。早期人类对时空的认识是直观而富有想象的:太阳东升西落,是由金乌所负载;月有阴晴圆缺,是玉兔蟾蜍的天堂;上有天圆,下有地方,人居中央,是由易、道、太一、元气、阴阳所化生……因此,人类的时空观,起始于人类对客观世界自然现象的最初认知,在认识世界和改造世界的过程中不断发展,是宇宙观永恒的主题。大量的考古和文献资料表明,古人用包括刻画画像在内的多种方式记录了他们对"时空"的观感和认知,留下了宝贵的人类生存和发展的原始印迹。

《淮南子·天文训》记载着天文历法、候星测影、风雨气候以及度量衡等等,可以用来考证《周礼》《左氏春秋》《史记·律历书》《天官书》中所载的观测时空的古术。易中每一卦有六爻,每一爻都是一个"时位",既体现时间,也体现空间,是时间与空间的统一体。早在公元前4世纪,庄子就对宇宙一词作出精到的解释:"有实而无处乎者,宇也;有长而无本剽者,宙也"[①]。是说宇是无限延伸的物质存在,宙是没有始终的时间存在,在这里,"宇宙被解释成人们对自身在时空中所处位置的意识。"[②]张衡在《灵宪》中说:"宇之表无极,宙之端无穷",认为宇宙在空间和时间上是无限的。时空无限论思想是中国古代宇宙论的一个特色。

我国是世界上最早的水稻生产地之一,在江西万年仙人洞和湖南道县玉蟾岩发现的水稻遗存,年代为公元前一万年左右。农业生产,如果没有对时间、节气、天文知识的掌握以及准确的观象测时,或者说没有对空间和时间的科学分辨和计算,就不可能产生。"立竿见影"是最原始的观象测时的方法。在地上立一根竿子,观察它的影长及其方向的变化,就成为一种最古老最简单的天文仪器。[③] 这种天文仪器逐渐演变成以后的圭表。表作为一种最原始的天文仪器,它的使用不仅是古代空间与时间体系创立的基础,而且毫无疑问是使空间与时间概念得以精确化与科学化的革命。因此,表的发明对于人类文明与科学的进步而言,其意义怎样评价也不过分。[④]

古人通过立竿测影,明确四方四隅,并与星空方位相结合,确定四时八节,在史前时代已普遍适用,八角星纹图案的绘制,便是这种现象的结果。[⑤]

---

① 《庄子·庚桑楚》。

② [美国]牟复礼:《中国思想之渊源》,北京大学出版社,2009年,第24页。

③ 陈遵妫:《中国天文学史》(下册),上海人民出版社,2006年,第1221页。

④ 冯时:《中国古代的天文与人文》,中国社会出版社,2006年,第3页。

⑤ 陆思贤,李迪:《中国考古天文学》,上海古籍出版社,2006年,第112页。

陆思贤、李迪在《中国考古天文学》一书中列举了大溪文化、大汶口文化、青莲岗文化、小河沿文化以及其他上古文化的八角纹图案（图1），用大量的事实证实了"方位天文学起源甚古"，"远在新石器时代古人就学会确定方位"的学说。[①]

图1　贵州开阳县平寨大岩口岩画，八角太阳纹中有一个十字纹

　　商代甲骨文和早期金文的"中"字作" "" "，或" "，其字形无疑是对古老的"立表测影"的真实写照。"十"字的结构组成是："—"为东西，"｜"为南北[②]，二者相交后便出现了中央的交点，则四方中央备矣，在四正方向确定的同时五位空间方位也已形成。金文"甲"字"始于一，见于十"，天干之"甲"被定为十干之首，可见天干的计时性质与"立表测影"是有密切关系的。

　　古文字"巫"字写作" "，"' '字实际上是在立表测影所获得的'十'字的基础上特别强调四级的结果，指与中央相对的四方极点——东、南、西、北四级，因此' '是指示字，初意唯指四极"。[③]

　　当"十"字纹被用于生产生活和社会实践，比如建筑、设施等，两条相交的直线则被平面化，形成两个相交的面。从而形成了商周时期金文" "（亚）字，由此演化的象形图案也在商周的器物上较多使用（图2、图3）。

　　从以上图形和古文字来看，"十"字纹作为文字起源中的一个重要环节，所包含的时空观念为较精确的空间方位系统的建立奠定了基础。

　　"学者或以战国以后博局图的中央图形与' '字的字型加以比较，因为博局图在中央方圆的四边分别布置了一个'T'形符号，而位于四方的四

①　陆思贤，李迪：《中国考古天文学》，上海古籍出版社，2006年，第112—138页。

②　许慎：《说文解字》。

③　冯时：《中国古代的天文与人文》，中国社会出版社，2006年，第25页。

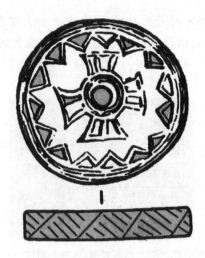

图 2　河姆渡文化陶轮十字纹

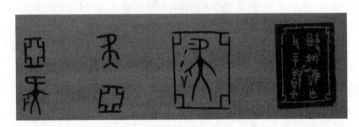

图 3　商代的"亚"形图

个'T'型符号刚好可以对成'⊞'形。"①而古代的巫即巫师是掌管天文历法和主持占卜的部落首领,在上古巫文化中占有十分重要的地位,汉代博局镜采用"⊞"作为中心图案,以此代表巫文化,是史实的真实记录。

二、汉代时空图式的基本图式和观念

在文字产生之前,人类的信息是靠图像和语言传承的。上古时代的图像资料,除了已发现的实物资料,我们发现汉画像石中遗留较丰,保存较好,它能够较真实地记录和反映上古之史实,是我们研究历史的绝好实物资料。

汉代在历法、仪象(即天文观测仪器)、观测、理论以及天文著述方面,都

---

①　冯时:《中国古代的天文与人文》,中国社会出版社,2006 年,第 27 页。

取得了显著成绩,可以说汉代是我国古代天文学的黄金时代。[①] 汉代的宇宙生成论主张宇宙是一个有机整体,其中包括易、道、太极、太一、阴阳、四时、五行、八卦、九宫等,这些基本观念无不与时空相关联,而时空观与天文学是密不可分的。这些内容经过有机组合并经过艺术加工后,产生出了内容丰富、形式多样的时空图式,反映在汉画像石等汉代文物和遗存中。

1. 圭表与规矩

作为最原始的天文仪器,圭表的发明为古代时空体系奠定了基础,使得空间与时间概念得以精确化与科学化。在西汉初年的《淮南子》一书中,记载了圭表更准确的测量方法,即两表测量方法,徐州"汉代河图画像石"就刻画出了这一情景(图4)。图案中一对凤凰所衔的是定表,其右侧的立柱是游表,展现了五千年前在古观象台上使用表"观日测时"的真实场景,并以实物资料证实了八卦的产生与上古天文学有必然联系。[②] 后来圭表演变成规矩,规矩准绳汉以前很早就有使用,"为圆必以规,为方必以矩,为平直必以准绳。"[③]《史记·夏本纪》描述了禹携带规矩和准绳进行测量治水的情景:"左准绳,右规矩,以开九州,通九道,陂九泽,度九山。"图5是伏羲女娲的画像,伏羲手中持一矩。汉代博局镜中的标志之一"L"纹,就是以矩为原型而设计的。

2. "四方"图

古人最早确定的方位是东、西、南、北,所谓四正方向,而后确定四气(春分、秋分、夏至、冬至)和四维(东南、西南、东北、西北)。汉画像石《四方图》就是以"四正四维"为标志的图式。该图分上下两部分,上图呈花蒂形:在一个正方形的平面上,刻画出的阴纹部分呈"十"字纹,象征四正方;而阳纹部分则成四叶花蒂纹,花叶尖指向的四角,即四维;下图为一条鱼(图6)。画像的艺术风格古拙简朴,带着强烈的远古时代气息。在汉景帝阳陵遗址保留着一件"罗盘石",是西汉阳陵寝陵的方位基准石,该石以所刻画的"十"字为基准,确定了阳陵寝陵建筑的中轴线(图7)。这种中国古代独特的定位仪器具有承上启下的重要意义。

① 陈遵妫:《中国天文学史》上册,上海人民出版社,2006年,第143页。
② 李志强:《汉代河图初探》,载《中国文化研究》,2009年第1期,第31页。
③ 《吕氏春秋·似顺论·分职》。

147

图 4　徐州"汉代河图画像石"

图 5　《伏羲女娲持矩图》（汉画像石拓片）

图6　《四方图》汉画像石拓片

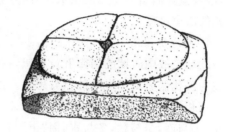
图7　西汉阳陵寝陵的方位基准石"罗盘石"

3."五位图"

在"四方"图上增加"中心方位"，便产生了"东、西、南、北、中"五个方位，"五位图"因此而得名。徐州汉画像石《五位图》的中间方位以圆来表示，四正方位以四个半圆表示，四维方位以四个四分之一圆表示（图8）。这类图式在汉画像石中比较多见，可知在当时的社会上影响大，较普及。还有另一种"五位图"图式：将"五位图"作为一面旗帜居于上方，突出了汉代天人观的主题，一位官人驾车于下方护拥而行（图9），说明"五位图"的主题思想具有标志性意义，在当时社会具有崇高的地位。

图8　《五位图》汉画像石拓片

图9　另一种"五位图"图式

"四方图"和"五位图"两种图式（合称"四方五位图"）形式简单、内涵丰富，体现了先秦老庄思想，即天是自然的天，无人格意志相参，自然是宇宙观的最高范畴,是先民认识客观世界和掌握自然规律的智慧结晶。"四方五位图"作为我国上古文化的一种典型的文化标志,一直以来受到人们格外敬重,以致被人们当作符瑞来供奉。"四方五位图"式产生的年代久远,经历了漫长的历史过程。

4. 天地阴阳图

发端于战国时期的阴阳五行思想,在汉代发扬光大,与伦理思想相结合而成为汉代儒家治国方略的指导思想。由"五位"与"五行"相配,"四方"与"四时"相配(东与春,南与夏,西与秋,北与冬),"五行"与"四时"亦相配(木与东,火与南,金与秋,冬与水,而"土"与"四时"相配则是采用"分土王四季"的方法来完成),其所组成的时空体系,正是这种思想在汉代宇宙生成论的具体反映。由此而产生的尚"中"的中国古典哲学思想,以及以"五"为基本进制的传统文化,在我国传统文化中产生了深远的影响。"天地阴阳图"是在"五位图"的基础上,于四正方向上标识出寓意天地阴阳的四种相关图式:南方为"太一"表示天;北方为"社",[①]表示地;东方以太阳初生放射着光芒的景象,表示阳;西方以太阳西下光芒暗淡的景象,表示阴。将天地阴阳等易学思想融入"时空图式"中,是汉代象数易学的创造。

5. "龙镇八方图"

汉代董仲舒的宗法伦理目的论和天人感应论成为汉代统治阶级的主导思想。董仲舒说:"仁之美者在于天。天,仁也"[②],使天具有了尊贵、仁爱、神秘的精神性质,先秦道家的"自然之天"被"仁"之天、"神灵"之天所取代。徐州黄山出土的《龙镇八方图》汉画像石,所表现的就是这一题材(图10)。画像取"天圆地方"之构图,中心为圆以象天,一条极具动感的飞龙腾跃其间,以"飞龙在天"之寓意传达着"天意""天威""天授"的天人感应思想,实现了由无人格意志的天到"神与化游,以抚四方"[③]神灵之天的转变,是当时社会思潮的直接反映,而这一主题在以后的象数易学图式中得到了极大的发展。

综上,"四方五位"图式是汉代时空图式的基本图式,它由"十"字图而来,又演变出"天地阴阳""龙镇八方"等图式。这一过程有以下特点:形式由具象到意象,内容由简到繁,指导思想由自然论到伦理目的论。用非真正意

---

① 汉代以树作为"社"的标志,而"社"为地神,纬书《孝经援神契》曰:社者,土地之神,能生五谷。

② 董仲舒:《春秋繁露·王道通三》。

③ 《淮南子·原道训》。

图 10 《龙镇八方图》汉画像石拓片

义上的具体实物图像即抽象思维的图像，来表现四方、五位、天地、阴阳等哲学概念，并依此初步构建了宇宙生成论模式，开创了汉代易图学之先河。[①]这是汉代时空图式发展过程的初级形式，由此而演变出两种高级形式：一种是以天文学和占筮为基本构架、以"式盘和博局图"为内容和形式的宇宙生成模式；一种是以易学和神学为基本构架、以"太一九宫图"为内容和形式的宇宙生成模式。

三、汉代宇宙生成模式之一：式盘和博局图

《乾凿度》总结了上古宇宙观，勾画出理论上的宇宙生成图示："圣人因阴阳，定消息，立乾坤，以通天地也。夫有形生于无形，乾坤安从生？故曰有太易、有太初、有太始、有太素也。大易者，未见气也。太初者，气之始也。太始者，形之始也。太素者，质之始也。气形质具而未离，故曰浑沦。浑沦者，言万物相浑成而未相离。视之不见，听之不闻，循之不得，故曰易也。"在此基础上，汉代人又是如何以象数的形式勾画出宇宙生成模式的？

"九宫"说源自先秦的《管子·幼宫》《吕氏春秋·十二纪》《礼记·月令》等有关天子一年四季分居九个宫室的记载。九宫图在很早就被用于帝王生活之中，"明堂九宫（室）"是西周时期政教合一的宫廷建筑，明堂又称太庙、太室、太学、辟雍等，建筑格局为东西南北各三间共九间。《大戴礼记·明堂篇》称："明堂者古有之也。凡有九室。九室之制，二九四、七五三、六八一。"

---

① 普遍认为，易图是对易学的图解，表现的是抽象的哲学概念和命题，肇始于宋代。

此乃九宫算,数学上又称三阶幻方,即:"二四为肩,六八为足,左三右七,戴九履一,五居中央。"图中任意一条连线上的三个数相加,和皆为十五。当无形的浑沦演化为有形的天地,其时间的序列表现为十五这个数字,再由十五扩展为四正四维的空间序列,所以用象数关系和象数符号来表现天地万物的有序之理是以这种高层次的宇宙论为理论根据的。

八方的平面化即为九宫,冯时先生认为,九宫图是由两个五方位图叠合而成。从"四方五位"图式演绎至九宫图,形成了时空图式的基本构架(图11)。

图 11　两个五方位图叠合图

《黄帝内经·灵枢经·九宫八风篇》,进一步将九宫与八风、八卦、八节气相配,《易纬·乾凿度》在此基础上将九宫、易数、阴阳二气相结合,提出九宫说,并对九宫与八卦的数量变化关系及意义作了说明:"阳动而进,阴动而退,故阳以七、阴以八为象。易一阴一阳,合而为十五,之谓道。阳变七之九,阴变八之六,亦合十五,则象变之数若一。阳动而进,阳变七之九,象其气之息也。阴动而退,阴变八之六,象其气之消也。故太乙其数,以行九宫,四正四维,皆合于十五。"郑玄认为,九宫数与八卦数的进退表示了气的消息,说明节气以及阴阳二气的变化消长蕴含数的规定性。

至此,九宫、五行、八卦被巧妙地结合起来,又以数的形式做了量的规定,以此构建了一个时空合一、万物同构的宇宙结构模型,成为宋代河图洛书的先导。宋代刘牧的河图和阮逸的洛书都直接来自九宫图。《灵枢经·九宫八风篇》和太一行九宫占盘上九宫数,就是我们今天看到最早的洛书图。[①]

汉代人以九宫图象数图式为基本构架,勾画出两种宇宙生成图式,即时空图示的两种高级形式:一种是属于自然科学范畴的式盘,一种是属于谶纬学范畴的图谶。

式盘。到目前为止,已知的汉代式盘有三种数件。本文以制作年代最早的安徽阜阳双古堆出土的"西汉汝阴候太一九宫式盘"为例[②]试作分析。式盘是古代测天文定时日的工具,又是占筮用具。式盘的基本形式为:上圆下方,两盘重叠以合天圆地方,刻北斗天干地支、二十八宿,旋转之,以上知天文下知地理(图12)。

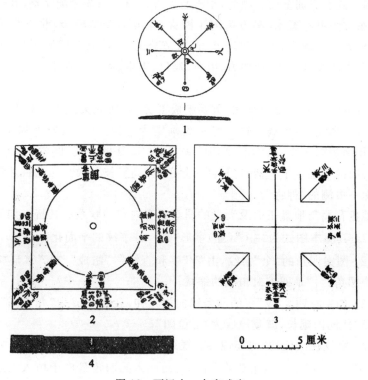

图 12　西汉太一九宫式盘

①　蔡运昌:《洛书的真伪及其产生年代》,洛阳市历史学会主编《河洛文化论丛》第 1 辑,河南大学出版社,1990 年。

②　《阜阳双古堆西汉汝阴侯墓发掘报告》,《文物》,1978 年第 8 期。

式盘正面(包括天盘和地盘的正面)的内容,与战国晚期的《灵枢经·九宫八风篇》所载图形、宫名、节气和日数完全相同:"太一常以东至之日居叶之蛰之宫四十六日,明日居天留四十六日,明日居仓门四十六日,明日居阴洛四十五日,明日居天宫四十六日,明日居玄委四十六日,明日居仓果四十六日。明日居新洛四十五日,明日复居叶蛰之宫曰冬至矣。"是说将一回归年三百六十五日又四分之一天以八风即八节之气所分配,图式表明古人方位与时间的理论在战国晚期就已经相当完善,不愧是古代天文学的重要成果。

式盘将天干地支应用于九宫图中,这对于占筮来说,逻辑上更加缜密,内容和形式上更加全面。因为,十干与五方、五行、四季分配完整,其分配原则是:东方为甲乙配木,南方为丙丁配火,西方为庚辛配金,北方为壬癸配水,中央为戊己配土;十二支与八方、八节分配完整,其分配原则是:子、午、卯、酉分别指北、南、东、西四方;丑寅、辰巳、未申、戌亥分别指东北、东南、西南、西北。

《灵枢经》是《黄帝内经》的重要组成部分,它研究天地的变化与人体的关系,以占风侯,治疾病。这个盘的刻画实为《灵枢经·九宫八风篇》的图解,其用途当与天文、医学有密切的关系。[①] 式盘将天文、医学、占卜、术数等学科的内容融合于一器,这种两千年前的"高科技"产物,在老百姓看来是一种深不可测的"神物"。

地盘背面与地盘正面及天盘的图案也有内在的联系。其特点如下:

(1)其基本图式为"卍"(亚)字形,是"十"字纹的平面化。

(2)图案四角的"个"字纹,由"V"字和直线"|"组成。"V"字是"卍"字的四个凹角;"|"是四维对角线的缩减。

(3)如果将四个"V"字的两条线向内延伸,就复原成为"九宫图";如果将四条"|"向内延长,就复原成为"五位图"。

"V"字纹在汉代的"博局镜"或"规矩镜"中是标志性纹饰之一。张光直认为"卍"(亚)形是宗庙明堂的平面图,而凹入的四角是由于植入沟通天地的神木所致。[②] 因此,博局镜中的四个"V"字纹实际上是不可分割的整

---

① 《阜阳双古堆西汉汝阴侯墓发掘报告》,《文物》,1978年第8期。

② 张光直:《说殷代的"亚"形》,《中国青铜时代》,生活·读书·新知三联书店,1999年,第305—327页。原载《庆祝高去寻先生八十岁论文集》。

体——一个虚拟的宇宙模式图形。《尸子》云:"八极为局",而"八极"源自"八方",是指宇宙空间的一定范围。故曰:八方博大设镜为局,"博局镜"之名大致由此而来。

从上述一系列的象数理论和实践来看,在以象数为本的宇宙观图式中,存在着时间和空间的规定性,以及自然与社会的有序状态,反映了汉代自然科学的某些成果,由此而产生的宇宙生成图式为人们所信服是不言而喻。博局(规矩)镜在两汉时期盛行,并对后世产生深远的影响,就是最好的说明。

不论是式盘还是博局镜,掌一小器,便能上知天文下知地理,占卜吉凶预测未来,持有者非知识渊博者即达官贵人,故视宝物为己有密不示人。这种神秘图式一旦世俗化,就会走进千家万户,在以后世俗化的过程中被神话,最终演变成图谶。"太一九宫图"就是一例。

四、汉代宇宙生成模式之二:太一九宫图

汉代纬书《易纬·乾凿度》将九宫数与八卦方位相配,提出"太一行九宫"模式,郑玄注曰:"太一者,北辰之神名也,居其所曰太一,常行于八卦日辰之间,曰天一,或曰太一,出入所游,息于紫宫之内外,其星因以为名焉。故星经曰:天一、太一主气之神。行,犹待也。四正四维,以八卦神所居,故亦名之曰宫。天一下行,犹天子出巡狩,省方岳崤之事,每率则復,太一下行八卦之宫,每四乃还于中央,中央者北辰之所居,故因谓之九宫。……是以太一下九宫,从坎宫始,坎中男,始亦言无适也。自此而从于坤宫,坤,母也。又自此而从震宫,震,长男也。又自此而从巽宫,巽,长女也。所行者半矣,还息于中央之宫。既又自此而从乾宫,乾,父也。自此而从兑宫,兑,少女也。又自此从于艮宫,艮,少男也。又自此从于离宫,离,中女也行则周矣。"虽然九宫图中没有表现出八卦,但太一行九宫的路线,是与后天八卦方位完全吻合的。被太一神神化了的具有占筮功用的九宫图,是一幅内容完备的卦气图宇宙图示,又经艺术家精心设计,变成一幅集易学、占筮、象数为一体的艺术作品。因此,在民间广为传播。

"太一九宫图"汉画像石,出自东汉时期山东济宁。"太一"在汉代被奉为太阳神或北斗星之神,尊为最高神灵。"太一九宫图"的主体形象像是一朵盛开的八瓣花,"花"与"华"同义,"华",义为光华,即太阳的光芒。而画像即像光芒四射的太阳,又像是一颗闪烁着星光的星斗,是为太一神(图13、

图 14）。

图 13 "太一九宫图"汉画像石

图 14 "太一九宫图"汉画像石拓片

在战国时期郭店竹简的《太一生水》篇中，说太一是化生万物的本源："太一生水，水反辅太一是以成天，天反辅太一是以成地。天地复相辅也，是以成神明。神明复相辅也，是以成阴阳。阴阳复相辅也，是以成四时。四时复相辅也，是以成怆热。怆热复相辅也，是以成湿燥。湿燥复相辅也，成岁而止。"《太一生水》是先秦哲学史上一套最完整、最精致、最独特的宇宙生成论。[①] 太一与古代宇宙观中化生万物的"道""易""太极"有所同又有所不同，相比之下太一更具有"神性"，主要表现在以下几个方面：

（1）太一是万物之源。《礼记·礼运》曰："夫礼，必本于太一，分而为天地，转而为阴阳，变而为四时。"《庄子·天下》曰："建之以常无有，主之以太一。"成玄英疏："太者，广大之名，一以不二为称。言大道旷荡，无不治为，括囊万有，通而为一，故谓之太一也。"

（2）太阳神。江林昌先生在考证长沙马王堆 3 号墓帛画《太一图书》和湖北荆门战国墓"兵避太岁"戈后，认为"太一"即太阳神。

（3）星宿和星宿神。成书于战国中期的《石氏星经》有"太一"和"天一"等星官。《韩非子·饰邪》有"太一"星宿名。《史记·天官》《淮南子·天文训》《甘泉赋》皆有"太一"星官之名。

（4）人体之神。《太平经》云："俗念除去，与神交结，乘云驾龙，雷公同室，躯化而为神，状若太一。"

（5）太一化与水关系密切，而"太一"之水与"河图"之水同根同源。

---

① 郭沂：《郭店竹简与先秦学术思想》，上海教育出版社，2001 年，第 139 页。

在画像中(图13、图14),太一四周饰有四组图案:左方(东方)是两条鱼;上方(南方)是朱雀和玄鸟;右方(西方)是鱼和人;下方(北方)是两条鱼。在整个图案的外围饰以水波纹。画像突出了三个内容:一是太一与水的关系与鱼和水的关系一样是密不可分的;二是天上飞的鸟,地上走的人,水里游的鱼,是太一所化生万物的代表;三是在画像的左边,有一位面朝画像、恭敬而立、仪表端庄、拱手行礼的人物,正在拜谒"太一九宫神",此人虔诚和崇拜的神态被刻画得惟妙惟肖,反映了"太一九宫图"在人们心目中的重要地位。另有一种说法,认为此人就是"黄帝与日图"故事中接受"日图"的黄帝。

画像石的中心设置了一个凸起的结纽,直径为7.5厘米。纬书云:"神明,犹阴阳也,相推移使物精华结成。纽,结要也。""神明推移,精华结纽。"①太极化生阴阳,阴阳相互作用(推移)而化生万物,因此"精华结纽"寓意的是"太极",此纽就是太极的化身,也是"太一九宫图"的核心。汉代博局镜上的结纽——"博局图"的核心即太极,用"O"来表示。一般来说,同样大小的博局镜,东汉的明显大于西汉的,大纽的一定是东汉或之后的,说明自西汉以后博局镜中的宇宙模式的表现方式更加趋于形象化和具体化,更加注重突出"太极"的核心地位,博局镜与汉画像石所展现的形式和内容是吻合的。

一直以来,"TVL"三个字母被认为是汉代博局镜的标志,其实并不全面。从以上的分析讨论来看,"O"是整个图案的核心,"TVL"是围绕"O"而展开的。因此,"OTVL"是博局镜图案的基本特征,亦即其标志,也是汉代时空图式的一个重要标志。

"太一九宫图"汉画像石在汉代非常流行,山东、安徽、江苏、河南等地都出土有一定数量。如《嘉祥汉画像石》②一书中就载有山东嘉祥出土的同类型作品8件,其中一件上面刻有铭文462字,是研究汉代历史的重要史料,其文物价值非常高。可见这类图式在汉代社会上不仅普及,而且格外受到重视。这是为什么呢?如果说"式盘"是学术科技成果,是供少数人使用的观测天文和占卜的工具,那么,"太一九宫图"则是在"式盘"的基础上,利用科学知识构架的一个包括天象和人事的系统图示,再经过艺术加工而成为民间老百姓所崇敬的一种"符瑞"。

---

① 安居香山:《纬书集成·春秋元命包》(中册),河北人民出版社,1996年,第602页。
② 朱锡禄:《嘉祥汉画像石》,山东美术出版社,1992年。

在汉代历史上，无论是孟京的卦气说，还是董仲舒的天人说，或是《易纬》言辰爻，以及郑玄解九宫，其目的都是推天道以明人事，因而都与仁、义、礼、智、信五常相配属拉关系。《易纬·乾凿度》说："孔子曰：八卦之序成立，则五气变形。故人生而应八卦之体，得五气而为五常，仁义礼智信是也。"将人生、八卦、五常、五气①等串联起来，是为了达到五气之精，交聚相加，以迎阳道，人致和之目的。在"太一九宫图"中，"五常"和"五气"的结合是用特殊图案表现的。在"太一九宫图"的每一个花瓣上，均刻画了这种类似中国结的图案：由五个连环节环绕五个"点"所构成的图案，其中五个"点"表示"五常"，五个连环节借用了云气的表现形式，是为环绕"五常"的"五气"。如此错综复杂的关系及易理，在象数学独特的载体——"太一九宫图"上得到完美的体现（图15）。"太一九宫图"也叫"九宫八卦图"，此图无论是内容还是形式，都与宋代邵雍的"先天图"有密切的联系，可以说"太一九宫图"就是"先天图"的源头。（对此论证，本文作者另有行文。）

图15 "五气、五常"图汉画像石拓片（太一九宫图局部）

汉代宇宙生成模型，是由哲学、科学与宗教巫术三种思想奇妙地组合而成的。它是以天文历法等科学为基本构架，以阴阳五行为基本思想，站在哲学的高度，将人类所积累的一切知识整合，包括历史、文化、政治、法令、物候、天文、地理、音律等，而形成的象数宇宙观图式，这种模型象征着卦气运转正常：既是自然界与人类社会和谐发展的反映，也是帝王治国有方社会安

---

① 郑玄注："五气，五行之气。"

定的体现。

《白虎通·封禅篇》说:"天下太平,符瑞所以来至者,以为王者承天统理,调和阴阳,阴阳和万物序,修其充塞,故符瑞并臻,皆应德而至。""符瑞"应由王者秉承"天意",正确履行职责,顺应卦气的运行才能得到。历经千百年的积淀和演变,直到两汉时期,这种形式简明,内涵深厚的宇宙生成模式得以形成,上至帝王下至百姓无不尊崇备至,被视为国泰民安的"符瑞"。

五、汉代时空图示的终结:河图、图谶及符瑞

符瑞、灾异说是汉代天人感应说的重要组成部分,符瑞象征着自然与社会秩序的和谐,而灾异象征着这种秩序遭到了破坏。西汉中期以后,面对持续不断的政治危机,处于地位卑微、力量弱小的社会阶层,为了生存和抗争而采取了多种斗争方式,纷纷进行造神活动,利用宗教和各种活动来表达自己的情绪和愿望。对于"符瑞"而言,光有象数的精确性还不够,必须附会"天意",扩大神祇的影响,使之具有更大的威慑力和权威性,成为精神支柱和思想武器。谶语正是在哀平之际的社会政治危机的环境中与符瑞灾异说相互附会,为盛行于王莽、刘秀时期的"图谶"奠定了基础。光武帝刘秀宣布图谶于天下,谶纬被正式确定为国家的统治思想,对后汉社会的方方面面产生了极大的影响。刘秀所宣扬的图谶究竟是什么?历史上没有留下确切的答案。

周予同认为:"谶"有广狭二义。广义的解释如《后汉书·光武帝纪》:"谶,符命之书。谶验也,言为王者受命之征验也。"《释名·释典艺》:"谶,纤也,其义纤微而有效验也。"狭义的解释,则指"河图""洛书"等图式。《文选·思玄赋》注引《苍颉》:"谶书,河洛书也。"《一切经音义》九引《三苍》:"谶,秘密书也。出河洛。"《文选·魏都赋》注:"河洛所出书曰谶。"[1]

虽然图谶的范围至今尚未明确,但河图洛书是其中重要内容则可以肯定。在汉代纬书中,河图洛书是一个特殊的门类,或者说是图谶的重要组成部分,有所谓"河图洛书四十五篇"[2]之说。试举汉画《龙马衔甲图》(图16)为例,以作说明。

该画像分上下两层。下层为"帝尧受龙马甲图",分两格:上格为"帝尧

---

[1] 周予同:《纬书与经今古文学》,《周予同经学史论著选集》,上海人民出版社,1983年,第44页。

[2] 隋书《经籍志》。《后汉书集解》说:"惠栋曰:张衡上事曰,河洛五九,六艺四九,共八十一篇。"

图 16 《龙马衔甲图》

画像"，下格为"龙马衔甲图"。纬书《尚书中候》载："帝尧即政，荣光出河，休气四塞。龙马衔甲，赤文绿色。甲似龟背，无色，有列星之分，斗政之度，帝王录纪，兴旺之数。龙形像马，甲所以藏图也，其文赤而绿。"郑玄注："荣光无色，从河出，美气四塞，炫耀熠熠也。龙形像马也，赤膘怒之使也。甲所以藏图，赤文色而绿地也。"①在上格中，尧正襟端坐，周围有侍从和部下。在他面前的下格中，一条"龙马"（正所谓"龙形像马"）口衔"甲图"（"甲似龟背"）作呈献状，而此图正是"四方五位图"，亦即"河图"。龙马身后有一头牛。牛为畜，汉代人认为"庶人孝曰畜"，"孝"与"畜"相通，说明此图有尽孝的寓义。上层为"父母升仙图"（或"夫妻升仙图"），图中父母端坐在天堂上，画像的主人希望在天堂的父母也能享受的帝尧的待遇，呈献此图，以尽自己的孝心。

《龙马衔甲图》的主要内容是由帝尧受河图而引申到平民百姓孝敬父母，说明汉代河图文化已从"列星之分，斗政之度，帝王录纪，兴旺之数"的帝王文化，转变成被神化了的民俗之"符瑞"，是河图由自然——纬——谶纬演变过程的终结。

---

① 安居香山：《纬书集成》（上册），河北人民出版社，1996年，第399—403页。

在纬书一系列关于"河图"的记载中,关于"黄帝与日图"的故事具有一定的代表性,也是谶纬的典型例证。纬书《河图》[①]讲:"黄帝云:余梦见两龙授图,乃斋,往河洛而求,有鱼折溜而止,鱼泛日图,跪而受之"。《河图始开图》也有同样的记述:"黄帝修德立意,天下大治,乃召天老而问焉:余梦见两龙,挺日图,即帝以授余于河之都"。故事中主要事物有:① 主人公黄帝;② 发生地在河洛;③ "日图"由鱼或龙所献;④ "日图"由黄帝所受。类似的记载还见于《河图挺佐图》《龙鱼河图》《河图录运法》等。[②]

河图是什么？日图又是什么？两者之间的关系如何？历史资料已无从考证。但于此我们有所得知,"日图"是地地道道的从河水中出来的图,加上人和鱼等要素就构成了"河图",河图包含着日图且内涵更加丰富。如此,"河图"与"太一九宫图",无论是内容和形式,还是基本构图和细节,都如出一辙,二者之间一定有着必然联系。

上面提到,在《嘉祥汉画像石》一书中共载有 8 件"太一九宫图"。其中有两块(编号第 56 石和第 75 石)刻画有"河精"图案。河精,也叫河伯,是一种人面鱼身的神物,河精在汉代也被认为是河图的一种标志。《尚书中侯考河图》[③]云:"观于河,有长人,白面鱼身,出曰:吾河精也。禹曰:文命治淫。言讫,受禹河图,言治水之事,乃退于河渊。于是以告曰:臣见河伯,面长人首鱼身,吾曰河精,授臣河图。"河精授河图予禹,因此河精可看作是河图的标志。编号第 74 石上有铭文如下:"阳遂富贵,此中人马皆食太仓,饮其江海。"既然墓中主人将"太一九宫图"视为万物之源,当然它也可为阴间提供阳间所有的富贵,包括众多人马所吃的粮草、用品等。因此,在汉代人的心目中,河图或"太一九宫图"等图式是一类东西,具有同样的作用,是符瑞也是图谶。其中混杂着自然的、科学的、民俗的、神灵的等等内容,能使人们信奉和崇尚,图谶之所以能够被立宪于国,这也是其重要因素。

据对《汉代河图》汉画像石的考证,河图在五千年前的良渚文化已经产生。[④] 王充在《论衡·正说篇》中说:《河图》从河水中出,《易》卦是也。伏羲氏之王得《河图》,周人曰《周易》。其经卦皆六十四,文王、周公因象十八章究六爻。世之传说《易》者,言伏羲作八卦,不实其本,则谓伏羲真作八卦也。

① 安居香山:《纬书集成》(下册),河北人民出版社,1996 年,第 1120 页。

② 安居香山:《纬书集成》(下册),河北人民出版,1996 年,第 1108、1149、1164 页。

③ 安居香山:《纬书集成》(上册),河北人民出版社,1996 年,第 431 页。

④ 李志强:《"汉代河图"画像石初探》,《中国文化研究》,2009 年第 1 期。

伏羲得八卦,非作之。文王得六十四,非演之也。演作之言,生于俗传。苟信一文,使夫真是几灭不存。既不知《易》之为《河图》。王充的观点与众不同却十分鲜明:《周易》既是《河图》,《河图》不是什么人作的,而是伏羲得自自然。一方面说明了河图自古以来就有"俗传"和"演作"两种模式,如"日图"之说就属"演作"一类。另一方面也说明,河图从自然到人为演作的过程,是由"四方五位"图式到"太一九宫图"再到宇宙生成模式的演变过程。河图被誉为中华文化的源头,与中国上古宇宙观有着千丝万缕的联系,是上古先人认识世界即"仰观俯查"和改造世界即"观日测时"的图象记录,随着历史的发展而发展变化,并非是一成不变的模式。

徐养原指出:"纬书起于西京之际,而图谶则自古有之。图谶乃术士之言,与经义初不相涉。到后人造作纬书,则图谶而牵合于经义。"[1]本文认为,此言较符合史实,有一定道理。因为"太一九宫图"源于"四方五位"图式,可谓"自古有之";"四方五位"图式和"式盘"等皆与"术数"门类中的天文、占筮[2]有关,可谓"术士之言";因此先有图谶后有谶纬。

当图谶成为危害社会的一大弊端,张衡在《请禁绝图谶疏》一文中痛斥图谶:"此皆欺世罔俗,以昧势位,情伪较然,莫之纠禁……宜收藏图谶,一禁绝之。"然而,谶纬中固然有糟粕,但也有对优秀文化的继承。"纬书继承了《易传》和阴阳五行家的宇宙观,以象数构筑其宇宙模型"。[3] 而"太一九宫图"则是这种宇宙模型的典型代表。

六、结语

汉代宇宙生成模式产生、发展、演变的过程,就是人类认识世界和改造世界的过程。这一过程所展示出的诸如古文字、"四方五位图"、"太一九宫图"、博局图、河图洛书、图谶等一系列生动的历史画卷,创造出了"言不尽意"而"立象尽意"的易图象数模型杰作,是中华文化宝库中的瑰宝。越来越多的证据显示,历史上的"河图""洛书""日图"以及"图谶"等无不透露着这样的信息:它们之间有着千丝万缕的联系,是一段鲜为人知的历史史实。时空图式在传统文化中独树一帜,与文字资料相互辉映,同样起着无可替代的

---

① 徐养原:《纬书不起于哀平辩》,《诂经精舍文集》卷12,中华书局,1985年,第347页。
② 《汉书·艺文志》列天文、历谱、五行、蓍龟、杂占、刑法六种为术数。
③ 安居香山:《纬书集成》(上册),河北人民出版社,1996年,第2页。

作用,具有很高的历史文化价值。这也是中国文化光耀环宇、千秋永驻的魅力所在。

李志强　徐州收藏家协会会长。

译本底本，翻译之本^①

——评《杨宪益、戴乃迭英译〈红楼梦〉底本研究》

巫元琼

摘　要：杨宪益、戴乃迭合译的《红楼梦》是中国文学经典外译的范本，但长期以来由于底本面貌模糊不清，学界对该译本产生了种种误解和误读。2020 年 6 月文化艺术出版社出版的《杨宪益、戴乃迭英译〈红楼梦〉底本研究》是第一部系统性考证杨、戴《红楼梦》译本底本的专著，其中通过《红楼梦》庚辰本、有正本、俞校本等版本与杨、戴合译本的细致对校，从结构体例、文字杂糅、文字存阙、人物名字、文字错讹等方面考证了杨、戴合译本前八十回的底本选择情况，并将杨、戴的底本选择放置在《红楼梦》英译历史框架中考查其价值与意义，是《红楼梦》翻译研究的一部重要著作。

关键词：《杨宪益、戴乃迭英译〈红楼梦〉底本研究》；庚辰本；有正本；杨戴本

《红楼梦》是一部具有多种存在状态的世界文学名著。就版本来讲，就有脂本和抄本两个体系互相关联又彼此不同的若干版本。围绕《红楼梦》版本进行的研究已经发展成为独立的《红楼梦》版本学。诸多共存的版本对译者，尤其是对《红楼梦》进行全文翻译的译者而言既是一种选择的机会，更是

---

① 本文系国家社会科学基金一般项目"翻译书评论体系构建研究"（项目编号：19BYY117）的阶段性成果。

一种挑战。正如《红楼梦》译者之一霍克思所说："就这部小说(《红楼梦》)而言，任何在不同版本之间作出的选择都涉及译者在诸多根本性问题——如作者是谁、该小说的演变如何、评书人的身份、早期抄书人的可信度及其对小说内容进行修改的性质——的立场和决断。"①换句话说，底本的选择对准确传译《红楼梦》的文学艺术特征意义重大。底本是翻译活动之本，没有底本，翻译行为将成为空中楼阁。底本是翻译研究之本，罔顾底本因素进行的翻译研究终将成为无本之木。

一、杨宪益、戴乃迭英译《红楼梦》底本歧义

杨宪益、戴乃迭合译的 *A Dream of Red Mansions* 是《红楼梦》英译史上具有里程碑意义的译作。首先，该译本是长达 200 余年《红楼梦》英译史上首先以 120 回完整出版的译本。其次，该译本是我国著名翻译家杨宪益和夫人——牛津大学首位中文专业毕业生、为中国文化事业奉献一生的英国专家戴乃迭——共同翻译完成的结果；同时红学家吴世昌承担杨、戴译文的英文审稿工作。这种组合既关照了《红楼梦》文学、文化元素在译文中的传递，也对《红楼梦》自身的文本缺陷进行了弥补，同时还关照了英语语言文化习惯。可以说，杨、戴《红楼梦》合译本是中国文学经典走向世界的一个经典范本。正因为如此，杨、戴合译本自问世以来就成为翻译学、比较文学和世界文学等领域的重点研究对象。

但是，该译本自问世之初就出现了出版社、英语审校者和新闻媒体对底本表述的不一致，使该译本底本蒙上了一层神秘面纱。杨、戴合译本 1978年版第一卷的"出版说明"指出，杨、戴合译本的前八十回底本是"人民文学出版社 1973 年依据上海有正书屋 1911 年石印本《红楼梦》出版的一个版本，该石印本印自乾隆年间戚廖生收藏的手抄本"；后四十回底本是"人民文学出版社 1959 年出版的一个 120 回通行本，该通行本依据 1792 年活字印刷本印制而成"。也就是说，"出版说明"指出杨、戴译本前八十回底本是"有正本"(即"戚序本"，本文采用"有正本"的名称)，后四十回底本是"程乙本"。该说法与《人民日报》以及杨、戴《红楼梦》译文的英语审校者吴世昌的观点

---

① David Hawkes: The Translator, the Mirror and the Dream—Some Observations on a New Theory. In *Classical, Modern and Humane*. edited by John Minford & Siu-kit Wong. Hong Kong: The Chinese University Press, 1989, p.159.

有出入。《人民日报》1979 年 5 月 8 日的报道以及吴世昌①的文章都指出，杨、戴前八十回译文底本是"庚辰本"，后四十回底本是"程甲本"。译者杨宪益本人对底本问题的阐述与以上几种观点均有所不同。在秦颖②记录的一封杨宪益书信中，杨宪益指出，他们最初是根据《红楼梦》一个"一百二十回"翻译的，后来根据"俞平伯校订的八十回本改译"。杨宪益在 2001 年与钱多秀等③进行的一次访谈中重申了这一底本观点。虽有学者陆续关注该译本底本问题，但主要是片段式地进行考证，结论的科学合理性也受到影响。由于该译本底本不明，以及相关领域对底本的忽视，致使目前对杨、戴译本产生了一些误解和误读，相应成果的合理性也遭到质疑。对杨、戴合译本底本进行全面系统考证的迫切性已经显得尤为迫切。

二、《杨宪益、戴乃迭英译〈红楼梦〉底本研究》的价值

2020 年 6 月由文化艺术出版社出版的《杨宪益、戴乃迭英译〈红楼梦〉底本研究》就是在这种背景下诞生的一部专著。该书是第一部对杨宪益、戴乃迭英译《红楼梦》底本进行系统研究的专著，见证了作者李晶十余年在杨、戴英译《红楼梦》底本考证方面的不懈求索。

该书由中国红楼梦学会会长张庆善作序，包括引言、八章正文、附录、参考文献及后记。该书第一章对杨、戴英译《红楼梦》底本问题、学界针对该底本问题进行的研究，以及翻译领域由于忽略底本因素得出的不恰当结论进行了梳理。李晶指出，对杨、戴译本进行整体研究的第一步是"通过译本与底本的整体对照细读，确认杨、戴译本的底本究竟为何，从而确定在今后的翻译研究中对该译本的得失成败进行评判时，应以怎样的中文版本为依据。"④从第二章到第六章，李晶从杨、戴译文内容出发，从结构体例、文字杂糅、文字存阙、人物及人名问题、文字错讹五方面对杨、戴译本的底本选择进行了细致、全面考证。难能可贵的是，李晶将有正本、庚辰本和杨戴译本的对校校记以附录的形式附于书后。该校记共 164 页，计 18 万字左右，是研究杨、戴《红楼梦》译本的珍贵史料。更难能可贵的是，李晶在第七章结合

---

① 吴世昌：《宁荣两府"不过是个屠宰场而已"吗?》，《读书》，1980 第 2 期，第 79 页。

② 秦颖：《貌相集》，生活·读书·新知三联书店，2016 年，第 142 页。

③ Qian Duoxiu and Almber E. S-P. 2001：Interview with Yang Xianyi, *Translation Review*. 2001(1)，p.19.

④ 李晶：《杨宪益、戴乃迭英译〈红楼梦〉底本研究》，文化艺术出版社，2020 年。

杨、戴翻译《红楼梦》的特殊历史背景和相关史料，对影响杨、戴译本底本选择的外部环境进行了梳理，对译者在特殊历史环境中为还原曹雪芹原著面貌、向世界传译《红楼梦》作出的努力进行了还原。

一个译本固然有其自身的价值，但如果将该译本与其他译本进行比较，其价值将更加凸显。将杨、戴《红楼梦》译文底本选择纳入《红楼梦》英译史体系进行研究意义非同寻常。在第八章中，李晶将《红楼梦》三个全译本：邦斯尔译本（未发表）、霍克思译本和杨宪益戴乃迭译本的底本差异进行了比较，进一步从译者各自所处的历史语境对译者的底本选择进行评析。通过底本对比，以及各译文对《红楼梦》文学性的传译进行分析，揭示了《红楼梦》英译从仅关注语言内容到还原其文学艺术性过程中底本选择的意义。李晶认为，"令人惋惜的是，邦译本与霍译本都选择了历经删改的程乙本为底本，不独与戚本、庚辰等脂本内容相去甚远，与程甲本的差距也不可忽视"，而杨戴译文"既不是单纯依据戚序本，也不是单独根据庚辰本，而是经过译者对两种底本文字的判断与选择，结合了两种底本的长处，翻译出的一个独特的《红楼梦》文本。这个文本既不同于俞校本，也不同于1982年开始出版的人民文学版校注本，可以说，这是另一个以脂本为基础，经多种版本对校修订过的版本，我们不妨称之为'杨戴本'"。短短的两句话，将"杨戴本"的底本情况进行了准确描述，对于揭开"杨戴本"底本面目意义重大。具体而言，李晶指出，"杨戴本"的篇章结构"基本依据戚序本"，"只在底本文字存在明显错讹的情况下，参照庚辰本或前后文作出修改"；当两种底本具体行文存在歧异时，译者杨宪益、戴乃迭针对不同情形，采取了不同处理方式，而总的原则是"体贴作者原意，文字上择善而从"。李晶将译者的"择善而从"总结归纳如下：① 文从字顺、逻辑合理的内容，一种底本存、另一种底本缺的情况下，依据存者译出；② 一种底本出现文字缺失或逻辑混乱者，依据另一种文字完整、逻辑通顺者译出；③ 两种底本文字均属完整通顺，但差异之处对人物性格、前后逻辑影响迥异者，选择符合原著情理者翻译；④ 两种底本文字均属完整通顺，但在文史典故、诗词书画、饮食医药、风俗礼仪等文化内容方面出现差异者，选择内容准确者翻译。

如此细致的梳理揭示出译者杨宪益、戴乃迭以及英语审校者吴世昌在还原曹雪芹原著面貌方面作出的艰辛努力，同时也展示了李晶对于"杨戴本"译文底本考证的严谨与严肃。

值得一提的是，李晶对于"杨戴本"底本的考证并非完全自说自话，一味标新立异。在深厚扎实的文献工作及细致考证基础上,李晶吸收了《红楼梦》翻译研究传统中的优秀成果,尤其是肯定了学者王金波①对《红楼梦》后四十回底本考证的价值。因此,《杨宪益、戴乃迭〈红楼梦〉底本研究》专注于《红楼梦》前八十回的底本考证。虽然李晶考证"杨戴本"已有时日,其成果也陆续发表在《红楼梦学刊》《曹雪芹研究》等期刊上,但《杨宪益、戴乃迭英译〈红楼梦〉底本研究》对"杨戴本"底本进行了系统考证,对"杨戴本"前八十回底本进行了整体描写。这一成果与王金波的研究成果共同揭开了"杨戴本"的底本面貌,为今后"杨戴本"研究奠定了牢固基础。这是"杨戴本"研究的一件大事,也是《红楼梦》翻译研究的一件喜事。

巫元琼　　上海工程技术大学外国语学院翻译系副教授。

---

①　王金波:《杨宪益、戴乃迭〈红楼梦〉英译本后四十回底本考证》,《红楼梦学刊》,2019 年。

政治社会变迁与晚唐文学的情感转型

吴佳熹

摘　要: 甘露之变是唐朝从中唐过渡到晚唐的标志性事件,也是安史之乱以来酝酿的藩镇割据、宦官专政、朝廷腐败等国情衰竭隐患的爆发点。晚唐文人在经历了中唐动荡和晚唐党争后,心态和生活发生了巨大改变,再加上科举制度的黑暗和都市商业生活兴盛的影响,晚唐文学的发展逐渐走向浓重的自我抒情。

关键词: 甘露之变;晚唐文学;情感转型

一、绪论

凡一代有一代之文学,唐代文学在不同的历史发展阶段,由于每一阶段政治、经济、文化等社会面貌的不同而呈现出不同的时代风貌,而影响晚唐文学发展变化的主要政治、社会因素是:甘露之变、科举制度的黑暗和商业化生活风气。

甘露之变是唐朝从中唐过渡到晚唐的标志性事件,也是安史之乱以来酝酿的藩镇割据、宦官专政、朝廷腐败等国情衰竭隐患的爆发点。这一悲剧事件的发生极大地影响了晚唐文人的生活状态和精神心理状态,进而影响他们的创作思想和文学风格。不少为官或与官员有关系的文人在此事变中受到迫害,其中最凄惨的莫过于诗人卢仝,他到宰相王涯家做客却被怀疑谋反而惨遭杀害。事后,晚唐许多文人以诗歌、小说的方式悼念此次悲剧中惨死的文人和官员,如贾岛的《哭卢》表达了对卢仝等受迫害者的深沉惋惜,温庭筠的《题丰安里王相林亭二首》表达了对前朝悲剧的无限哀思和悲悯情怀。白居易在《九年十一月二十一日感事而作》中表达了对王涯等人罹难的伤感以及对福祸无常的感慨,悲伤之余还透露着对隐退官场的向往。由此可见,晚唐文人们深刻意识到了社会政治动乱不安的沉疴局面,曾经经世报国的抱负和热忱被残酷现实活生生击碎,取而代之的是对乱世的无奈以及全身远祸的逃避心态。

晚唐的科举制度不同于盛唐和中唐一样对庶族开放,经历了甘露之变和牛李党争,晚唐科举的掌握权落到了两大党派手中,士族官僚阶层也多和两党同一阵营。故而,许多不善钻营的庶族文人被剥夺了靠科举中步入政坛的机会,晚唐庶族文人的政治地位和政治热情也因此降低。仕途的无望和国家的殇乱迫使晚唐文人将报国无门的愤懑转向对自身处境和心态的关注。

不同于晚唐政治、科举的压抑与昏暗,当时的社会生活反而呈现出一派商业化的繁华奢侈景象,歌舞伎女增多,各种音乐流行。随着人们文化审美水准的提高和商品经济的发展,迎合市井需要的词文学开始兴盛。从宫廷到民间,宴饮之风和士人狎妓之风盛行,再加上安史之乱后许多宫中艺妓流落民间,"行人南北尽歌谣"①已然成为民间的风气,"歌舞留春春似海"②的生活情调蔓延文坛。可见,晚唐文人和艺妓交往频繁,进而在命运上产生共鸣,和歌舞伎女相关的抒情诗歌也因此大批登上晚唐文学的舞台。

在甘露之变、科举制度的黑暗和生活风气的商业化等因素影响下,晚唐文学的发展趋势逐渐抒情化,具体体现在文学创作上,由"言志"变为"言情",审美价值取向上,由"重善"变为"求真重美",社会审视趋向上,由"论时"变为"咏史"。

二、文学创作由"言志"转向"言情"

甘露之变发生之前的中唐虽已走向衰弱,但安史之乱后平定藩乱的中兴之象再次给文人带来希望,他们怀着救世报国的抱负,渴望通过文学作品传达政治改革思想。甘露之变之前的文学以"言志"为主,文人在作品中表

---

① 唐代民歌《望远行》。
② 唐彦谦:《春日偶成》。

达思想志向，关注文学在治国、德行、政治、伦理、教化等方面的社会意义。因此，"言志"的文学作品常常被统治者作为政治教化的工具。白居易早年兼济天下，在诗歌中积极反应民情、国情，并创作了大量针砭时事的讽喻诗；刘禹锡早年参加的王叔文集团发动"永贞革新"，企图革除政治积弊，重振国运；杜牧早年以济时命世为己任，留心"治乱兴亡之迹，财赋兵甲之事"①，反对宦官专权；韩愈提倡"宗经"，反对藩镇割据。然而他们的努力终究是无力回天，甘露之变后，宦官专政更加猖獗，唐文宗沦落到受制于家奴的地步。晚唐文人的求仕之路也因此和党祸之争纠缠在一起，耽误了文人的创作精力，耗损了文人的政治热情。自此，对仕途受阻的绝望、对报国无门的无奈、对自身命运的叹息构成了晚唐文学的"言情"基调。诸如李商隐的"中路因循我所长，古来才命两相妨"②抒发了有才无命、命薄运厄的悲凉之情，温庭筠的"旧臣头鬓霜华早，可惜雄心醉中老"③抒发了报国无门后只能借酒消愁、蹉跎岁月的感伤之情，杜牧的"东风不与周郎便，铜雀春深锁二乔"④抒发了怀才不遇、无法施展才能的郁闷之情，许浑的"英雄一去豪华尽，唯有青山似洛中"⑤抒发了对金陵城繁华消逝的慨叹之情。可见，晚唐文人的内心在黑暗政治的笼罩下痛苦不已。

与此同时，随着都市生活的商业化和狎妓之风的盛行，晚唐文人与乐工、歌妓之流交往密切，不少文人甚至以和歌妓同游为风尚。文人将自己在仕途上的失意和落寞转向寄情闺阁生活和男女情爱。再加上中唐以后，掀起了以爱情入诗的风气，如元稹的《莺莺诗》写了张生和崔莺莺的爱情悲剧，李贺写了大量的爱情诗，他们进一步影响了晚唐诗风。在这种情况下，以歌妓舞女、歌楼舞榭、闺阁生活、男女情爱为主题的抒情诗大量涌现。如李商隐的《整月崇让宅》抒发了对亡妻的伤悼、怀念之情，《马嵬》抒发了对杨贵妃的同情和对唐玄宗的责怪，温庭筠的《经旧游》抒发了对旧日歌筵酒席生活的眷念，张祜的《马嵬归》抒发了对杨贵妃的深切同情。值得注意的是，历来关于杨贵妃和唐玄宗的文学作品总是难免涉及政治，而晚唐文人则偏向写情爱，晚唐文学的"言情"走向由此可见一斑。由于这一类题材本身就具备

---

① 杜牧：《上李中丞书》。

② 李商隐：《有感》。

③ 温庭筠：《达摩支曲（杂言）》。

④ 杜牧：《赤壁》。

⑤ 许浑：《金陵怀古》。

绮丽的特质,再加上社会上的奢靡之风对文坛的影响,大量此类题材的诗歌在词藻、色彩上都有缠绵、唯美、艳丽的气质,如韩偓的"碧阑干外绣帘垂,猩色屏风画折枝"[①],通过阑干、垂帘、屏风、图画等意象渲染含蓄的闺房情绪。再如张泌的"别梦依依到谢家,小廊回合曲阑斜。多情只有春庭月,犹为离人照落花"[②],全诗用别梦、小廊、曲栏、春亭、素月、离人、落花等意象烘托素月多情,落花有意,从而营造与离人在梦中相会的缠绵悱恻、难舍难分之情。可见,晚唐的"言情"诗歌已呈现出美学上的特质,朦胧颓美的意象与晚唐文人凄凉哀婉心境埙篪相应,有利于文人们抒发细腻蕴藉的情感。

此外,词文学的兴盛和繁荣也促进了晚唐文学向"言情"方向发展。晚唐时期,由于声色场所的流行,许多仕途不顺的文人为了消遣愁闷,求得心灵上的解脱,并博得大众欢欣,促进自己作品的流传,加入了按照音乐时调填词的行列。其中,最具代表性的莫过于温庭筠的抒情词。例如在《菩萨蛮》中,温庭筠细致描绘了闺中女子晨起后慵懒地梳妆打扮的体态,表现了待嫁女子的寂寥、孤独。在《望江南》中,温庭筠描写了女人登楼远眺,却始终不见爱人归来的情景,展现了女人的心情从希望、失望到绝望的变化过程。在这样的创作基调下,晚唐文学的抒情性进一步增强。

到了咸通后期,晚唐王朝日益腐败,文人在仕途上的发展更加艰难,甚至面临生命之忧。在这样动乱不安的社会环境中,晚唐文人把功名看得更淡泊了,不求闻达,只求保身,于是他们开始追求精神上的寄托和慰藉。这一时期的大量诗文反映了文人生活的闲适之情和恬淡情怀。如皮日休的《太湖诗》处处写闲居、品茶、钓具、酒具等悠闲生活情调。陆龟蒙的《钓矶》一诗中通过"散漫、垂发、持杆、置酒、待月、放神"等字眼勾勒散发垂钓、品酒赏月的闲散之情,然而放神之中却处处透露着精神的空虚。再如司空图的《杂题二首》,表面上似乎在写对自然美景的向往,实则在表达避世生活的无奈以及无所依附的空虚。如此,晚唐后期的文学进一步着眼于"言情",抒发个人情思,表达生活情趣,只是在文风上较晚唐前期更追求自然。

学者徐铉在《萧庶子诗序》中云:"人之所以灵者,情也;情之所以通者,言也。其或情之深、思之远,郁积乎中,不可以尽者,则发而为诗。"[③]可见,

① 韩偓:《已凉》。
② 张泌:《寄人》。
③ 徐铉:《萧庶子诗序》。

自晚唐以来,文人已将沟通感情,即"言情",视作诗歌最重要的特征,认为人的性灵可以通过情感表达出来,并且通过"言",可以将"情"的深沉、深远等特质淋漓尽致地发挥出来,达到"言不尽意"的微妙效果。晚唐文学从"言志"到"言情"的转变,意味着文学的教化功能日益褪去,人们对文学作品的审美角度趋向艺术性。

三、审美价值取向由"重善"转向"求真重美"

甘露之变后,晚唐文人对变幻莫测的政治局势彻底失望,他们的求仕之路坎坷受阻,人生价值无法得到实现,元和中兴后掀起的经世报国的希望也随之落空,取而代之的是全身远祸、明哲保身的心态。晚唐文人不再幻想着靠科举及第扶摇直上,跻身贤相名才,而是以务实求真的态度着眼现实,以防成为朝廷政治斗争的牺牲品。李商隐在《骄儿诗》中自讽四十岁的自己仕途受阻、贫困憔悴,劝孩子不要步自己后尘,把大好青春消耗在无谓的朋党纠葛中,"儿慎勿学爷,读书求甲乙"①,而"当为万户侯,勿守一经帙"②才是这个时代的明智之举。可见,科举功名之路在晚唐时期是一条歧路,不如投身行伍求取军功当万户侯实在。这其实是有悖于当时文人的传统价值观的。事实上,自汉代起,文人们就认为通过学习读书掌握安身立命的本事,比继承丰厚的遗产更有价值。如《汉书》云:"黄金满籯,不如遗子一经"③。中盛唐文人也普遍在强调"重善"的文学观念,传递读书改变命运的积极思想,如杜甫云"读书破万卷,下笔如有神"④,言语间洋溢着妙笔生花的自豪;颜真卿云"黑发不知勤学早,白首方恨读书迟"⑤,劝导男儿趁早珍惜学习的机会。但是,晚唐文人却规劝子孙后代不要将精力花在苦读书上,应该求军功当万户侯,他们求真务实的态度由此可见一斑。

晚唐文人在特定的历史条件下,把"求真重美"的价值取向放到了更加重要的位置。晚唐文人骨子里的"求真"意识首先体现于文学创作非功利的审美价值。李商隐明确提出了反对重功利的周公、孔子之道,认为文学作品应注重我手写我心,创造有个人特色的文章,发挥自己的价值,超越古人的

① 李商隐:《骄儿诗》。
② 李商隐:《骄儿诗》。
③ 班固:《汉书·韦贤传》。
④ 杜甫:《奉赠韦左丞丈二十二韵》。
⑤ 颜真卿:《劝学诗》。

水平,正如他在《上崔华州书》中云:

"始闻长老言:"学道必求古,为文必有师法。"常悒悒不快。退自思曰:夫所谓道,岂古所谓周公、孔子者独能耶？盖愚与周、孔俱身之耳。是以有行道不系今古,直挥笔为文,不爱攘取经史,讳忌时世。百经万书,异品殊流,又岂能意分出其下哉!"①

李商隐不认同学道必须以古为友、写文章必须师从章法的传统观念,大胆提出道并非只有周公、孔子才能体悟到,而是每个人都可以体会到,写文章也不必以孔子、周公的是非标准为标准,不必刻意引经据典,不必忌讳时事。宗五经,明周公、孔子之道,正是中唐重功利文学思想的核心,明道有利于实施政治教化。因此,李商隐主张反功利的文学观,目的在于提倡文学作品要直抒胸臆,挥笔为文,抒发自己的真性情、真感受。李商隐将"真"视作文学的最高境界,而真情来源于个人的内在,而非孔、周之道。此外,杜牧也提出了"文以意为主"②的文学思想,强调写文章要注重立意和写意,不应过分注意形式而忽视内容,即文章要有明确的想法支撑,并在创作中率性而行,真实表达。

其次,这种"求真"的意识在晚唐文学评论和创作上呈现出"重美"的审美趋向,尤其是追求细美幽约的情致。盛唐诗歌追求风骨、远韵,情感强烈,情景交融,使读者能够明确体会到情感走向。中唐诗歌多讽喻、怪奇,诗人在造境时融入主观情思,故而情感表达显得较盛唐诗歌隐晦些,但此时的诗人依然没有意识到追求朦胧幽深的情思和朦胧唯美的意境。直到李贺开启了晚唐诗歌重幽奥隐约情思的端绪,这一审美趋向随后始被李商隐进一步推动。如《锦瑟》中,李商隐连续使用锦瑟的一弦一柱、庄生梦蝶、杜鹃啼血、蓝田日暖、良玉生烟、沧海泪珠等迷蒙中略带感伤的喻体勾勒诗歌的意境,本体的模糊不清更是营造了全诗迷惘感伤的感情基调。这些象喻看似没有内在的逻辑联系,但却拓宽了情思的意境,并增添了意境的唯美程度,它们构成一幅幅时空朦胧的重叠画面,其中缠绵着复杂而幽深的情绪。怅惘、慨叹、凄凉、感伤、迷茫等情思随着重叠的象喻而重叠,使情思的密度如迷雾般层层叠加。再如《无题》《圣女祠》等诗歌,都是用重叠的意象营造细美幽约的情致。此外,杜牧在《李贺集序》中对李贺诗歌的评价也主要从美学角度

---

① 李商隐:《上崔华州书》。
② 杜牧:《答庄充书》。

切入,他连用九个并列比喻句,气势磅礴地赞美了李贺诗风连绵悠邈、虚幻荒诞、色彩明艳、情感细腻的美学特征,并肯定李贺在艺术手法上的创新。

与此同时,晚唐的小说创作同样体现出"重美"的审美取向,其中描写了大量桃花源式的唯美画面,如《博异志·阴隐客》中讲述了阴隐客通过凿井进入天桂山宫仙境;《玄怪录·古元之》描摹了风景秀丽、气候宜人,百姓安居乐业、富足安康,官吏清正廉洁的理想国。晚唐文人在作品中创设桃花源式的理想生活场景,但这些美好在现实社会中都是不存在的,甚至可以说与晚唐社会格格不入。因此,晚唐文人只能在空幻的创作世界里构筑桃花源,从而寄托心中对美好生活的向往以及对现实生活的失望不满,这亦反映了晚唐文人的避世心理。

可见,晚唐文学审美价值取向的发展经历了由"重善"向"求真重美"转变的过程,这一转变对晚唐美学理论的建构起到了促进作用,同时也提高了晚唐文人的审美格调,使人们从政治教化以外的美学艺术角度评定文学作品。司空图秉持"第一功名只赏诗"①的初心,从美学范畴审视历代诗歌的意境风格,最终完成美学著作《二十四诗品》。

四、社会审视趋向由"论时"转向"咏史"

安史之乱后,唐朝由盛转衰,经济萧条,民生凋敝。于是,文坛上出现了大量反映百姓困苦生活、战后萧条景象的论时诗。其最能全面反映战乱所带来的灾难的是杜甫的诗歌。杜甫的诗被称为"诗史",正是因为他的诗中还原了大量历史事件的实际情况,展现了战乱中广大百姓生活遭遇的画面,并以愤世嫉妒的态度批判了各种社会乱象。如《无家别》叙述了安史之乱后故乡人口骤减、无家可归的萧条凄惨景象,《又呈吴郎》表达了对战乱后无食无儿、贫穷到骨的老妇的怜悯、悲慨之情。中唐时期,白居易提出"歌诗合为事而作"②的理念,创作了大量锋芒毕露、直指时政要害的讽喻诗。如《秦中吟》组诗痛斥了统治阶级生活奢侈无度,剥削压迫穷苦百姓的恶劣行径,揭露了社会上官场腐败、民不聊生、哀鸿遍野的凄惨现状。又如《新乐府》五十首中的《卖炭翁》,诗人从生活中的细节切入,以小见大,通过描写卖炭翁从艰辛地伐薪烧炭到被太监差役掠夺的遭遇,揭露了统治者剥削、欺负底层百

① 司空图:《力疾山下吴村看杏花十九首》。
② 白居易:《与元九书》。

姓的野蛮暴行。

而到了晚唐时期,文人的文化审视趋向逐渐由"论时"变为"咏史",批评反映时事的作品减少了,而咏史怀古一类的作品大幅度增多。这种伤悼情怀从刘禹锡的《西塞山怀古》《金陵五题》等作品开始,一发百应,在文坛掀起了创作咏史诗的热潮。晚唐时期的咏史诗普遍弥漫着怀古伤今的哀悼情思,同时也透露着对人生哲理的坦然体悟。诸如杜牧的《赤壁》《登乐游原》《过华清宫》《阿房宫赋》等诗文,许浑的《金陵怀古》《咸阳城东楼》《凌歌台》等诗歌,李商隐的《咸阳》《隋宫》《贾生》《咏史》等诗歌,薛逢的《悼古》、王枢的《和严恽落花诗》等,都是咏史作品的名篇。其中,杜牧的咏史诗借古讽今,巧妙地通过历史上的典型事件映射现实社会,在晚唐成就颇高,被后人誉为"七绝诗史"。在《过华清宫·其一》中,杜牧叙写了唐玄宗为了满足杨贵妃的口腹之欲,不惜消耗人力财力,兴师动众地为杨贵妃从南方运送荔枝之事。通过这一典型事件,杜牧表面上讽刺唐玄宗奢侈无度、沉迷女色,招致安史之乱,实则含蓄影射当朝统治者不思百姓疾苦以及朝廷乌烟瘴气的衰败气象。在《登乐游原》中,"长空澹澹孤鸟没,万古销沉向此中"①一句借乐游原物是人非、沧海桑田的变迁,表达对往昔繁华盛世一去不复返的遗憾、眷恋之情,还透露着对兴亡更迭、盛极必衰的人生哲理的感悟,可见杜牧已然接受唐朝衰落、中兴一梦的现实。"看取汉家何事业?五陵无树起秋风!"②则感慨汉朝的雄伟江山已是陈年古迹,一方面体现了杜牧渴望建功立业的爱国热情,另一方面又体现了他对历史风云不可逆转性的无奈和接受。在《赤壁》中,杜牧托物咏史,上半句借赤壁之战留下的遗物"折戟",抒发物是人非的沧桑感慨以及对国家兴衰存亡的关怀,下半句"东风不与周郎便,铜雀春深锁二乔"③则借慨叹周瑜有东风协助得以取胜而哀叹自己满腹经纶却生不逢时的遭遇。此外,李商隐的《贾生》也是借古讽今的经典之作,它和杜牧的《赤壁》一并被胡应麟誉为"宋人议论之祖"④。在《贾生》中,李商隐借贾谊怀才不遇的境遇抒发自己壮志难酬、仕途坎坷的悲愤之情,其中饱含对当朝统治者不识贤才、执政昏庸的不满情绪。

晚唐的咏史诗在立意上大多借古讽今。晚唐文人面对当朝黑暗的政

---

① 杜牧:《登乐游原》。

② 杜牧:《登乐游原》。

③ 杜牧:《赤壁》。

④ 胡应麟:《诗薮》。

治,不直接针砭时政,而是含蓄迂回地通过怀古表现伤今,其背后的原因正是文人对晚唐王朝失去信心却又不忍其日益衰败的矛盾心理。晚唐文人在过往的典型历史事件中寻找与当下相似的政治际遇,或寻找与他们命运相似的古人,从而与历史产生深切的共鸣,同时以国家兴衰更迭是历史规律、而怀才不遇亦是历代许多文人的共同宿命的思想来麻痹、慰藉自己。此外,晚唐的咏史诗和中唐的讽喻诗相比,抒情性和抑郁感增强,功利倾向却近乎消失。探其渊薮,中唐文人在元和中兴后看到了希望,渴望以文学为工具,鞭挞时政,救国家于水深火热之中。而晚唐文人在甘露之变后对朝廷彻底失望,他们深知自己做一切都无济于事,只求明哲自保,因此晚唐很多文人远离官场,回避政治,视野向内,不再着眼于社会沉疴、百姓疾苦,而是着眼于自己千疮百孔的内心世界,将内心的压抑、愁苦、抑郁、愤懑情思埋藏在对历史的思索中,以怀古的方式曲折外现。

除了诗歌作品外,晚唐的小说中也体现出浓郁的怀旧情绪。在晚唐动荡不安的社会局面中下,大量以怀念开元盛世气象、感慨唐玄宗和杨贵妃爱情故事、追忆唐玄宗一生政治得失为主题的怀旧故事登上晚唐小说的舞台。如《开元天宝遗事》记载了早期的唐玄宗在开元年间励精图治、任用贤才、排除奸佞的光辉事迹。《长恨歌传》中追忆了唐玄宗和杨贵妃的美好爱情生活,体现了作者强烈的"马嵬情结",表达了对李杨两人往昔生活情景的惆怅之情以及对杨贵妃遭遇的同情。《开天传信记》中更是明确表达了对开元天宝之际盛世的高度认可和深切怀念。可见,晚唐时期的许多小说作品都集中体现了无限留恋开元盛世的"咏史"情结。对于生活在水深火热之中的晚唐文人来说,开元盛世是他们魂牵梦萦的理想时代,但晚唐衰已是现实,文人们只能在文学创作的世界中重回盛世,从而获得心灵上的替代性满足。

五、结语

甘露之变是晚唐文学和中唐文学的转折点。晚唐文人在经历了中唐动荡和晚唐党争后,心态和生活发生了巨大改变,再加上科举制度衰落和都市商业生活兴盛的影响,晚唐文学的发展逐渐走向浓重的自我抒情,主要体现在以下三点:晚唐文人的创作由"言志"变为"言情",审美价值取向由"重善"变为"求真",社会审视趋向由"论时"变为"咏史"。虽然晚唐文学中已看不到盛唐文学气势恢宏、熠熠生辉的壮丽景象,而且其教化意识也大大减弱甚至消失殆尽,但是,由于无数苦吟诗人在文学创作中转向抒发内在主体精神情绪,敏锐反映时代变迁给文人内心世界带来的震荡与创伤,反倒开创了前所未有的崭新的文学创作形式和内容表现,成就了晚唐文学独特的书写风格和美学意蕴。

吴佳壹 （马来西亚）马来亚大学人文与社会科学学院学生。

Catastrophic and Abnormal Phenomena of Han Tomb Pictures

Yang Xiaojun   Li Qiongxia

Abstract: On the basis of the catastrophic and abnormal phenomena data of Han tomb pictures, combining the theory of yin and yang, five elements, and correspondence between man and universe, this article expatiates on the Han people's thought and pursuit of belief of life.

Key words: Catastrophic and Abnormal Phenomena; Han Tomb Picture

The thought of catastrophe and anomaly was prevalent in the Han Dynasty (206 BC—220 AD). Since people could not give scientific reasons for some abnormal phenomena in nature, adding to the high praise of "correspondence between man and universe" by thinkers in the two Han Dynasties, superstitious explanations for those phenomena had been mounting. The thought mainly reflected times of peace and prosperity under the rule of Han monarchs, and people's wishes for auspicious signs. Threatened by disasters and anomalies, people were persuaded to cherish their lives more, so that they could ascend to heaven by riding clouds and become immortals. This paper discusses the thought in Han tomb pictures.

Ⅰ. The Origin and Development of Catastrophe and Anomaly Thoughts

The so-called "catastrophe" written in oracle looks like distributions of watercourses when floods happen, whereas the "anomaly" in Xu Hao's *Notes to Origin of Chinese Characters* refers to the ideas that "anomaly, by extension, is unusual things", "anomaly is weird things", and "anomaly is the transformation of disasters". In the Han Dynasties, Dong Zhongshu wrote in his book *The Hermeneutics of the Spring and Autumn Annals: Benevolence and Wisdom* that "big changes in nature happen sometimes, called anomaly, yet small ones disasters. Disaster, which is Heaven's condemnation, comes first and is followed by anomaly which is Heaven's wrath. If the former one is not known by humans, Heaven will get anger and punish them". According to his theory which demonstrated that disaster came first and more softly, while anomaly went later and much seriously, every misrule, in its first bud, would cause God's condemnation in the form of natural disasters. However, if the condemnation failed, which meant people did not correct their mistakes timely, Heaven would threaten people with all kinds of abnormal phenomena. But if people were indifferent to those phenomena, catastrophes would befall to earth. The disaster and anomaly thought related natural hazards and strange phenomena to what were people doing, especially in political field. Wise emperor's policies won the approval of its people and God's will, thus moving Heaven and being rewarded with "sweet dew falling from the sky, red grasses growing on earth, mellow spring running from hills, rains and winds coming properly, millets growing well, and phoenix and kylin wandering on the outskirts". Heaven praised and responded to good virtues of wise emperors by gifting auspicious signs; Otherwise, it would send disasters to earth.

The most prominent feature of Han Dynasties is the increasing combination among thoughts of disaster and anomaly, immortals, yin and yang, ghosts, and other trends of thoughts. Dong's idea of "human and heaven induction" still existed in the ideology of Han Dynasty, accommodating disaster and anomaly thought and attaching the thought to yin-yang and the five-elements theory. "All things in earth end up in the five elements; The five elements end up in yin and yang; Yin and yang end up in heaven; Yin is its punishment, yet yang is its grace. The inter-promotion of the five elements embodies the grace of Heaven, yet their inter-inhibition is the punishment. Through alternations of yin-yang and the five elements, Heaven generates and guides all things and human beings". Therefore, the thought of catastrophe and anomaly could be theoretically in accord with moral aspect, perfect its feudal ethics, and then go beyond perceptual understanding. The thought had developed so rapidly under great attention paid by Han monarchs that had accepted various schools and built up a complete system with complicated content, finally reaching its peak stage.

II. The Understandings and Expressions of Catastrophe and Anomaly Thought in the Han Dynasty

(1) Rosy Wishes of the Han People

In the Han Dynasty, there were many people dying of diseases and epidemics, which can be proved by literatures. As recorded in the Han tomb pictures in detail, diseases brought people endless pain, shadowed countless households and deprived them of happiness of the past. The Inscription of Han Xu Aqu's Portrait unearthed in Husband Lee community, Nanyang, Henan province, is 112 centimeters in length, 70 centimeters in width, and 11 centimeters in thickness. On the upper left side of the slab, Xu Auq, fanned by a servant, sits on a square terrace, above him are the three Chinese characters of "许阿瞿". On the upper right side, three children only dressing in triangular trousers play with a wooden bird, one of whom is dragging it, yet another of whom is whipping it up. On the bottom row, there are dances and acrobatics accompanied by drums (Figure 1). The name of this portrait and its establishment year—the third year of Emperor Jianning (170 AD)—were carved in the slab. Part of the epitaph is as follow:

"The 5-year-old Xu Aqu died on March 18, the third year of Emperor Jianning in the Han Dynasty, and was buried on 22. His relatives were in great grief. After his death, he went to the netherworld alone, unable to enjoy the sun and stars again. He was cut off from his relatives in this world and no longer expected to return. He visited his ancestors alone and fearfully, while his families in this world added paper money to the fire for him and paid tribute to ancestors. Aqu cried for not knowing any ancestors, and haunted for a while. It was a long time before he followed them and went to heaven. .... Since he was emaciated, his parents spent a lot of money on his burial, hoping that he could grow stronger in his world.... His parents also held a ghost marriage in an attempt to please him."

Figure 1   Inscription of Han Xu Aqu's Portrait

The Inscription of Han Xu Aqu's Portrait records a five-year-old boy died young from disease, bringing great sorrow to his families who missed him and worried that he would suffer in the netherworld, thus building up a tomb for him and inscribing all the wonderful things that he was unable to experience when alive, in the slab according to his hobbies, with the expectation that he could continue to enjoy all those things. Influenced by ancestor and ghost worship, the Han people believed that human's soul would not disappear after death, but continue to exist in another world, so they engraved mythical and rare creatures, as well as spiritual beings and fairylands in tomb chambers, looking forward that tomb owners could ascend to heaven and live in a rosy life under the protection of deities. For this reason, bureaucrats, plutocrats, landlords as well as the common people in the Han Dynasty squandered a large amount of money to bury their relatives, ached for the dead's blessing on their descendants and a joyful life after death, and portrayed a great number of propitious things in tombs, which was closely related to the catastrophe and anomaly thought popular in the Dynasty.

What's more, in the Eastern Han Dynasty (25 AD—220 AD), in order to avoid diseases and misfortunes, people wrote Chinese characters on pottery vases in red or black to relieve sin of the dead. Likewise, dangers and disasters could be avoided by sacrificing to ghosts and deities. "The aim of building a tomb was to get rid of misfortune for the livings and to relieve sin of the dead." A gray pottery vase made of fine sand was unearthed on a village in Chang'an county, Shaanxi province. This vase, with a wide mouth, tight neck, inclined shoulder, and flat bottom, is 20.8 cm high and 6.2 cm in diameter, and has a relief passage and a phylactery as follows:

Youguang[1], Dizhu[2], God of Longevity, Beidou[3], Sanlv[4], and Qixing[5] eliminate connection between the dead and living....leaden people, ginseng and realgar,...remove difficulties and ...represent the livings.

---

[1]   Translator's note: Youguang was a ferocious ghost well-known in Eastern Han Dynasty. The Han People believed that writing its name in tombs could exorcise evil spirits.

[2]   Translator's note: Dizhu is a legendary column that connects heaven and earth, or an evil spirit in ancient mythology.

[3]   Translator's note: Beidou was a respected God in ancient China who was able to remove misfortunes.

[4]   Translator's note: Sanlv are three kinds of grain embodying auspicious omens.

[5]   Translator's note: Qixing are seven propitious stars in the sky.

During this period, the thought of catastrophe and abnormality had penetrated every aspect of society, exerted influences on activities of paying homage to Heaven and Earth, deity pursuing, catastrophe and anomaly deduction, and prophecy writing, and been in the rulers' back pocket. *The Record of the Historian* reads that "emperors in ancient times usually held sacrifice activities to get rid of misfortune in the spring"; and that "the temple offerings were to avoid misfortune and to seek for felicity and luck". "As for Han people, death was a kind of misfortune". Additionally, many articles in *The Record of the Historian* have phrases such as "premature death cannot be cured by medicine". Regardless of the dead's status, its family must relieve its sin or try to build a good tomb for it.

(2) The Prevalence of Han Tomb Pictures Caused by Catastrophe and Anomaly Thought

First of all, in the early stage of the Western Han Dynasty, successive years of wars had made people displaced, land barren and economy weak. Since the "Rule of Wen and Jing", economy had developed unprecedentedly, and society had become more stable and prosperous, which had provided a material basis for the birth of Han tomb pictures.

During the reign of Emperor Hanxuan (73 BC—49 BC), he used disastrous and auspicious signs to demonstrate that he was the representative of Heaven. As a result, courtiers discussed public affairs in accordance with yin-yang, and catastrophe and anomaly, leading to a fad of disaster and abnormality punishment. Guided by the Emperor and officials, plain folks were crazily addictive to this trend. With increasingly stronger national power, elaborate funerals had increasingly become a fashion since the Emperor Hanwu was on the throne (140 BC—88 BC). In the Eastern Han Dynasty, this trend was not going away but growing. "The tendency of extravagance was coming to its peak, and without an end". In Han Dynasty, people often regarded diseases and disasters as signs of misfortunes, thus avoiding those misfortunes and yearning for God-sent luck and happiness. Generally, people desired for longevity when alive but comforts after death, and even dreamt to be faeries. Therefore, classis with ring-handle, and fierce tigers would be carved in door leaves, door posts and crossbars of tombs to get rid of evil spirits. Moreover, Fang Xiangshi, who were able to evict ghosts and diseases, would be inscribed inside tombs. Adding to spiritual creatures, the dead's soul would be protected from disturbance, and able to enjoy its rosy life in heaven. In this Dynasty, the thought went viral and was expressed vividly, especially in Han tomb pictures, becoming a major driving force of the boom of these pictures.

Ⅲ. The Images Expressions of Catastrophe and Anomaly Thought in Han Tombs

The images of catastrophe and anomaly thought in Han tombs can be mainly divided into topics of immortals, astrology, auspicious sign, exorcism, people's daily life and so on.

(1) The Topic of Immortals

In the Han tomb pictures, Fu Xi[①], Nvwa[②], East Duke and West Queen mostly appear in couple, representing symmetrical and harmonious relations of a male and female, or yin and yang, since "Han scholars explained catastrophic and abnormal phenomena with theory of yin-yang and the five elements". In addition, the Han people also "classified disastrous and abnormal phenomena with that theory". They always pondered natural and social issues with a strong sense of yin-yang, believing that, as long as yin and yang were balanced, catastrophe and anomaly could be avoided. In the Han tomb pictures in Xuzhou, there are Fu Xi and Nvwa holding a sun and a moon, or a compass and a square respectively, or crossing their tails together. The Image Fu Xi and Nvwa

---

① Translator's note: Fu Xi is a legendary ruler of great antiquity, the first of the Three August Ones, credited with the inventions of hunting and fishing and domestication of animals.

② Translator's note: Nvwa is a goddess who patched the holes in the sky with stone blocks.

unearthed in Shuanggou town, Suining county, measures 90 cm by 28 cm. In this image, Fu Xi and Nvwa, both human heads with snake bodies, cross their tails together, implying the reproduction process between man and woman, and the integration of yin and yang. At the bottom of this image, two little children both with the same figures as Fu Xi and Nvwa, are their children (Figure 2). According to the connotation of Fu Xi holding a compass and Nvwa a try square, standard configuration is obtained:

Compass- Circle- Heaven-Father-yang-Male-Fu Xi

Try Square-Square-Earth-Mother-yin-Female-Nvwa

Figure 2   Fu Xi and Nvwa

Their crossing tails imply that "combination between heaven and earth generates all things, and interaction between yin and yang brings changes". *Xun Zi : Rites* reads that : "combination of yin and yang generates all things. Similarly, combination of male and female gives birth to living things". East Duke and West Queen were legendary couple in a supreme status, who guided human beings to be immortal. Shown in the "Image of

West Queen" unearthed in Beidong Mountain, Maocun town, Tongshan district, Xuzhou municipal, on the left side of the image is a fairy rabbit blending medicines together with a stick; On the two sides of her, there are feather-men, pterosaurs and clouding. *The Third Classic of Western Mountains* records that: "The West Queen, with a human-being shape, a leopard's tail and tiger's teeth, often makes shouting. She, wearing a jade stick in her shaggy hair, governs two ominous stars called Si and Wu Can". People worshiped her because she punished evil spirits, exempted mankind from diseases, and charged the elixir of immortality that made humankind deathless. The so-called Fu Xi and Nvwa, as well as East Duke and West Queen were imaginative gods complying with yin-yang philosophy, as shown in *The Book of Changes*: "Tao consists of one yin and one yang". *The Book of Rites* reads that "interaction between yin and yang, vibration of gases between heaven and earth, roar of thunder, blow of winds, dropping of rains, changes of seasons, shining of the sun and the moon, give birth to all things". If yin did not harmonize with yang, the five elements would be out of control, then there would be no harvest; on the contrary, as long as harmony is achieved, winds and rains come properly and timely, and harvest is secured, then happiness and good luck will happen. The yin-yang theory, originating from the Warring States Period (475 BC—221 BC) and developing during the Qin and Han Dynasties, brings forth heaven and earth, the sun and the moon, male and female, east and west, husband and wife, father and son... Hence, the yin-yang and the five-elements theory plays a pivotal role in governing natural phenomena including sky and ground, day and night, man and woman, and in abstract concept like superior and inferior, motion and motionless, delicacy and force.

(2) The Topic of Astrology

Astrology is an essential theme in the Han tomb pictures. The Han people linked unusual changes of the sun, the moon and stars with national policies, domestic affairs, disasters and things that might be out of control.

If unusual movement was observed in the sky, up to the court, all the courtiers should introspect themselves, act complying with ethics, and amend the laws;Down to folk life,civilians should pray in order to remove adversity. As for the astrological theme in pictures, the Big Dipper, comets,image of the sun and moon appearing together are usually seen.As for the "Picture of the Sun and the Moon Shining Together"in Tongshan, right in the middle is a building with evergreens on both sides,and beyond the roof are a sun and a moon.In some pictures,there are only a sun with a three-foot bird,a moon with a jade rabbit and a toad,and two Chinese dragons intertwining with a jade wall together with Fu Xi and Nvwa at the sides.The ancients believed that the sun and the moon shining at the same time were auspicious. According to scholars, those images reflect Han people's pursuit of harmony in funeral sense.The Han people took the sun and the moon as symbols of harmony between yin and yang in the afterlife world,and of amicable husband-wife relation in netherworld,which was regarded as a main idea of a united and harmonious entity with heaven, earth and human beings put together.

In ancient China,comets were deemed as "evil stars". The ancients once said:"Comet symbols changes".As recorded in *The Book of Han*, "during the reign of the first Qin Emperor (221 BC—206 BC),comets were saw four times in fifteen years. The longest duration were eighty days,during which the sky filled with stars.After that,the Emperor fought with the other six countries and four barbarian tribes,killing people like flies".Comets were also called Chiyou[①] flag, which suggested that "an emperor would launch a war" when the flag appeared in the sky. The comets can be found in Han pictures in Henan (Figure 3).

"The Lord Big Dipper's Patrol",a tomb picture with the sky,earth, and human beings,vividly reflects the essence of Han culture—interaction between man and nature, or induction between heaven and man. The

---

① Translator's note:Chiyou was a legendary tribal leader of the ancient Nine Li tribe who was killed by the Yellow Emperor.

Figure 3   Comets

ancient Chinese astrology was to observe movement of stars to foresee a country's course or a person's fortune. Heaven and man were able to unite as one and to sense each other because "both of them have yin and yang". "Heaven took yin-yang as woman and man, while human beings differentiated yin-yang by genders". Through the layout of yin and yang, the *Adherence to the Way of Heaven* linked people's emotion and psychological activities with natural phenomena, building up a circulation system of orderly dynamic equilibrium: the universe-human affair system. Heaven with great will and personalism was at the central and highest position in the system.

(3) The Topic of Auspicious Sign

There are a lot of pictures themed on auspicious sign in Han tombs. Dong used auspicious and disastrous ideas to instruct thoughts and actions of monarchs, believing that if emperor won its people's heart, natural gas would be smooth, winds and rains would come properly and timely, stars would shine in the early dawn, and yellow Chinese dragon would appear. But if emperor were not kind to its people, the sky would change colors and anomalous phenomenon would arise. For instance, when governed by the Three Emperors and Five Sovereigns, propitious signs like sweet dew, red grass, sweet spring, phenix, and kylin, shown up. Auspicious creatures like phenix, kylin, nine-tailed fox, trees with branches growing together, inseparable birds[①], white deer, were often engraved in Han tombs. During Han Dynasties, auspicious thought arrived at its golden period with number of believers reaching a new record, and deepened into people's ideology. From the court to folk life, people were superstitious and attached great importance to the thought.

Phoenixes, also called Fengniao and Zhuque, were usually carved in the entrances of Han tombs, taken as a symbol of the auspicious (Figure 4). *The Classic of Mountains and Seas* reads that "the Danxu Mountain has golds and jewelries. Danshui spring flows from the Mountain into the Bohai Sea. A kind of bird which inhabits in the Mountain, is quite colorful and looks like a chicken, namely phoenix. The feather grain on its head is in the

Figure 4　Phoenixes

---

① Translator's note: Inseparable birds are pair of legendary birds flying wind to wind— devoted couples.

shape of the Chinese character 'virtue（德）', on the wings the Chinese character 'rightenousness（义）', on the back the Chinese character 'rite（礼）', on the chest the Chinese character 'benevolence（仁）', and on the abdomen the Chinese character 'trust（信）'. This kind of bird eats and drinks freely, and usually sings and dances in its own. When it appears, the world is peaceful and stable". Because of the rosy meaning of phoenix, the eighth and tenth emperors of Western Han Dynasty changed their reign titles into "Wang Phoenix" and "Yuan Phoenix" respectively. Apart from the meaning, phoenix was also deemed as a sacred bird that guided the souls of dead people to become deities. Wangyi, a litterateur in Eastern Han, once noted: "The sacred bird phoenix is my guide".

Kylin was an auspicious creature uniquely in ancient times. In the *Origins of Chinese Characters*, Xushen wrote: "'Ky' is a kind of lucky animal. It looks like deer, has a tail of ox, but only a horn. 'Lin' is the female kylin". In the *Book of Han*, Zhangji wrote: "The male is called 'ky', while the female is called 'lin'. This creature has a body of deer, a tail of ox, hooves of wolf, and a horn which, like that of ox, can be used as a bow". The life habits of kylin were written in *Erya* in detail: "It sounds rhythmical, walks politely, selects auspicious destination when goes out, has toes but never treads other animals and grasses. It enjoys staying alone, and never falls into a trap. It appears when emperor is beneficent". As a mascot with five-hundred-year cultivation, whether it was good or evil depended on emperor's quality and policies. If an emperor was beneficent, even the evil white tiger became docile and friendly. *The Yi Wen Lei Ju* reads that "creature with one horn, comes when the universe is united as one; And said: 'it comes when the world is peaceful'". The Emperor Hanwu regarded kylin as a mascot and renamed his reign title into "Yuanshou" since he gained a white kylin.

（4）The Topic of Exorcism

The Han people carved pictures of exorcism in door leaves and posts, as well as crossbars of tombs to protect dead people from disturbance by

evil ghosts.Scholars think that "according to stone reliefs in Han tombs,
people were intended to pray for felicity and to avoid disasters. They
expected the dead could have a good result after death (to be deity),and
the living ones could have peaceful lives (without ghosts' disturbance),
which was the religious content in this dynasty".

A portrait of "Beating Ghost" was unearthed in Jiawang district,
Xuzhou municipal.The stone is 106 cm in length and 102 cm in width
(Figure 5).The two people carved in the stone wear masks and brandish
knives,which means that Fang Xiangshi is beating ghost.According to the
Rites of Zhou,"Fang Xiangshi,wearing a coat made of bear skin,a mask
with four golden eyes,a black blouse and a red skirt,holds knife and
shield,dances with hundreds of people for sacrifice,to evict evil spirits and
to remove diseases".

Figure 5   Beating Ghost

Fang Xiangshi also did exorcising dances for the same purposes,like
the occasion in a tomb picture unearthed in Jiawang district.The slab with

83 cm long and 232 cm wide, is carved with exorcising and long-sleeve dances. The former one, prevalent in Han Dynasty, was performed by Fang and sacred creatures played by humans. *The Book of Later Han* reads that "therefore, Fang Xiangshi and twelve sacred creatures dance", which was a scene of exorcism played by Fang and twelve artificial creatures. In the period of Emperor Hanwu, his grandmother Queen Dou once organized a large-scale exercising dance which was also called Da Nuo, a ceremony for ghost eviction and disease removal.

Green dragon, white tiger, scarlet bird and black tortoise, which were also called "Four Gods", or "Four Gods of Directions" in Han, were engraved the east, west, south and north respectively to put everything in order. The Han people highly worshiped the Four Gods because the belief that the Gods could bless tomb owners with arrival at paradise safely, and bring more auspicious signs to this world. Moreover, the four creatures also embodied the simple philosophy of unity of opposites. The formation of four creatures could not be separated with yin-yang and the five-element theory. Since the Qin and Han Dynasties, the two different systems of yin-yang and the five elements have combined to explain changes of spaces and times. Yin and yang are two kinds of gases in the universe. Tao is composed of one yin and one yang. In all things, the negative side is called yin, while the positive one called yang.

(5) The Topic of Production Activity

A relatively greater number of buffalo-ploughing and weaving pictures in Han tombs reflected that Han people enjoyed their lives, farmed diligently, wished good weather for grain, desired for a harvest and peaceful lives free from the fear of hunger and cold. The "Buffalo-Ploughing Picture" found in Suining, which stone measures 80 cm in length and 106 cm in width, is an image of ancestral hall. The painting was divided into three rows. On the top row are immortals riding deer beyond clouds to meet someone; On the bottom one is a buffalo-ploughing painting with scenes like ploughing, sowing and weeding (Figure 6). The

"Weaving Picture" in the Quanshan district, Xuzhou municipal, which stone is 216 cm long and 99 cm wide, shows processes of winding, spinning and weaving in detail (Figure 7).

Figure 6　Buffalo-Ploughing Picture

Figure 7　Weaving Picture

　　The slab unearthed in Xingyin village, Nanyang municipal, draws a picture of "Ploughing Dance", showing Han people's love towards their lives. The stone has three rows: at the bottom row, on the right side is a man ploughing, and in the middle is a white tiger standing tall and opening its mouth wide as if to swallow the person on its left side, which is the scene of tiger eating Nvba (a Devil of Drought). According to legend, Nvba, who once was a fairy, could not go back to heaven because she helped Yellow Emperor to eliminate Kuafu and Chiyou. Where she stayed became dire dry, making farmers have nothing to reap; Therefore, she was regarded as a Devil of Drought detested by people. However, the fierce white tiger with super power could overcome her. On the left-most side in this row, a green dragon with two horns, an open mouth and a long tail, which brings good weather for crops, turns round to glare at Nvba. The whole bottom row reveals people's wishes for a life with ample food and clothing. In the middle row are scenes of evicting devil and getting rid of diseases. In the middle of this row, a strong white tiger bowing and exhaling, fights with the monster on the right side which is bending over, putting its tail between legs and acting scared. On the left side is a bear turning round in horror when running towards the hills, acting like escaping. On the upper row are scenes of dances, concerts and plays. The entire picture shows an idea of evicting devil and avoiding illness, and a prosperous stage with good weather, harvest, and a peaceful and stable society.

Droughts often happened during the Han Dynasty, which can be known through descriptions in Han tombs. According to pictures with elements like "praying for rain", "the God Rain and Uncle Rain", "tiger eating Nvba", "long rainbow", it is clear that Han people craved for good weathers and harvests. Ge Jianxiong believes that "natural disasters happened in different dynasties, but those during the period of Emperor Hanwu, especially the successive years of floods, droughts and locust plagues, brought greater loss". As an agricultural country with a long-standing history, the Chinese people have taken crops as a foundation, and have given top priority to weather changes. Rituals of praying for rain in ancient China were a kind of culture formed in the long-term struggle against droughts for weather conditions directly decided annual grain output.

What's more, when catastrophic and abnormal phenomenon happened, ancient monarchs took polices centered on agriculture. Early in the Xia, Shang and Zhou Dynasties, the ruling classes had adopted policies to relieve folks of disasters and to stabilize imperial regime. The Rites of Zhou reads that "official Lin is in charge of the number of grains...", and that "official Cang is in charge of grain storage... waiting to be used for the country... collect when harvest is obtained, while distribute food when meets a crop failure". Monarchs during the two Han Dynasties had approved physiocratic policies. In ancient times, farmers paid taxes on a tenth of their grain output. They fished in lakes and ponds according to seasons, without the prohibition of court. They tilled fields so that the lands never deserted. Hence, through three-year hard works, they had saved enough grain to last them another year. The Xia and Shang Dynasties had used this method to prepare for floods, droughts and famines, and to give their people a peaceful and secured life. If people did not weed and farm, even mountains of gold and silver could not support them when famines came. Therefore, ancient people were encouraged to till and plant diligently, and not to interrupt agricultural seasons, so that they could have enough food and clothing, and be free from the fear of famine. Food and clothing are the foundation of livelihood, while sowing and reaping are the tasks of farmers. If the foundation is solid and the tasks are performed well, country will be prosperous and people will live in peace. Agricultural production are indispensable in relieving crop failures. Without a solid foundation and guarantee provided by the production, "even mountains of gold and silver cannot support folks when famine comes". For instance, in 142 BC, the Emperor issued a decree that "I want people to farm and raise silkworms, to save for any future disasters". Preparations before disaster is the best relieve method. As for ancient ruling classes, they reinforced social and natural bases (including giving top priority to agriculture and carrying out water conservancy projects), to improve their ability in disaster prevention. Besides, they championed farming. In particular, in Jiayi's memorial, he thoroughly analyzed the pros and cons of preparations before disaster.

The thought of catastrophe and anomaly which originated from and developed over turmoils and disasters in Han Dynasties, played a profound role in Han society, and even exerted influence on the formation of later divination thought that directly inherited Dong Zhongshu's philosophy of heaven-human interaction and catastrophe and anomaly thought. As a matter of fact, people's fear towards disasters and their desire for felicity were out of the fear of losing lives. In order to protect their lives, to fight with diseases, and to own a peaceful netherworld, they carved a lot of auspicious pictures in Han tombs. In conclusion, further research and discussions should be conducted to further understand the Han tomb pictures.

杨孝军　徐州文化馆馆长,研究馆员。

李琼霞　中国矿业大学外国语言文化学院教师。

汉代时期成都的教育、哲学与宗教①

戴梅可　著　朱华　王佳瑶　译　颜信　校

摘　要：成都首创公学，为地方办学创立国家范式，其卓越的教育范式对成都平原与汉代都城"中心—边缘"关系产生了重大影响。玄学起源可追溯至西汉末成都人严君平，其思想融合儒道二学，影响了后世，包括荆州学派的主要宗师。彼时，中国的传统思维在很大程度上源于东汉，以成都的传统道教和玄学为主。成都平原居民崇尚例外主义，坚信其家园乃天府之国，天佑神护。西王母崇拜源于四川，并向北、向东以及中南的中国其他地区传播，烙上了四川与众不同的风格，随之亦传播了其独特的形象。

关键词：教育　玄学　道教　秦汉　成都平原

本文以秦汉早期为研究重点，论证自秦据蜀（公元前 316 年），经汉至蜀汉亡（公元 260 年）几百年间成都的文化对汉文化的影响。虽然成都平原非中国文化和经济发展的唯一中心，但应被视为中国思想和艺术创新的主要

---

①　本文为四川省哲学社会科学重点研究基地、四川多元文化研究中心课题《古蜀四川——失落文明的瑰宝》学术专著译介"（项目编号：DYWH1514）的阶段性成果。节译自美国汉学家戴梅可所著 *Legacies of the Chengdu Plain*（Seattle and Princeton：Seattle Art Museum and Princeton University Press，2001），获戴梅可授权。

发祥地①。近几年来，中国学者逐渐意识到，地方文化，甚至相对偏远的地方文化，对今天中国所谓的主流文化"华夏文明"的形成，功莫大焉。起初，人们对成都平原被汉化大加赞赏，而后又逐渐开始肯定、颂扬成都平原的本土身份和独特的风格。

回归远古，这片平原并无特色。或许有人会反对说，成都平原并没有什么特别之处能使人渴望回到远古时代。早期的中国人是否对此看法不一呢？答案是肯定的。假设人们认为汉武帝（前 140 年—前 87 年在位）之后，新的就是好的，或过去的都相似，那就极大地曲解了汉代的知识分子的生活②。成都人渴望回归过去，不仅批判彼时的朝廷政策，还批评那些在朝廷左右逢源、野心勃勃的五经博士。在当时，成都人的见解可谓与众不同，独树一帜。

当代学者已证实彼时一些评论家的观点：成都平原对汉帝国早期较为宽泛的文化有以下贡献：第一，为地方办学创立国家范式。第二，奠定荆州学派基本课程体系。荆州典籍研究颇具影响，反过来促进魏晋哲学发展。第三，独特的象征主义意象。与成都宗教崇拜相关，其中"天师道"最著名，被视为中国本土唯一的"高级宗教"——道教之源及其主体③。

一、为地方办学创立国家范式

据传，蜀郡太守文翁兴办学堂，汉武帝（公元前 140 年—公元前 87 年在位）颇为赞赏，遂命各郡县及封地，积极效仿④。文翁亲设成都学堂，大量消减灌溉项目，缩减行政支出用于办学，于是成都开办学堂蔚然成风⑤。此

---

① 感谢安东尼·巴尔维里·罗尔·拉奥·伯恩鲍姆·罗达赫·凡·法拉纲奥桑、马丁·赫伊德拉、马丁·柯恩、詹姆斯·罗布森、大卫·森萨宝、唐晓峰和弗朗西斯科·维伦力助我撰写此文，不吝赐教。鉴于"蜀文化"一语内涵未定，本文中我用"成都"或"成都平原"指此区域，用"成都"指四川省省会，"蜀"指汉朝辖治地域。关于秦征服蜀地，见《四川文献》，1974 年第 148 期，第 3—7 页。

② 思考《盐铁论》、王充的《论衡》、王符《潜夫论》以及仲长统等人的著述。

③ 丁荷生：《中国西南的道教仪式与流行邪教》，普林斯顿大学出版社，1993 年，第 15 页。

④ 班固《汉书》卷 89，北京：中华书局，1963 年，第 3625—3627 页；常璩撰、刘琳校注：《华阳国志》，成都：巴蜀书社，1984 年，第 214 页。尚不能确定是否执行过这样的指令。无论皇帝是否下达过圣旨，当地人（如后任会稽太守张霸）任职期间，以文翁讲堂为范式，创建了其他公学。

⑤ 文翁主持的水利工程增加了成都平原灌溉面积。见许倬云：《汉代农业》，南京：江苏人民出版社，1980 年，第 258 页。为其举行的国家公祭，见班固：《汉书》卷 89，中华书局，1963 年，第 2642 页。

外,文翁甄选 18 名优秀弟子远赴长安,进修文学和律法。为保弟子仕途顺畅,文翁甚是心细,亲备蜀地特产——书刀①(个人使用)和丝织品(易换现金)交弟子孝敬师长。所选弟子中张遂尤为聪慧,甚是刻苦,后来顺理成章被任命为五经博士。② 文翁还派其他弟子前往成都外的郡县出任学堂主持。

在任太守期间,文翁大力提倡校考廉政之风,激励弟子学有所成。他还命人绘制古代名人插图悬于学堂墙面之上,其中就有《三皇五帝》。在其监督之下,学生刻苦努力,德艺双馨,然而文翁并不满足于创立一流学堂,他还设立"石室"作礼仪大堂,也作馆藏之用。正是得益于其不懈的努力,外界盛传"蜀地学于京师者比齐鲁焉"③。

从上述史料可以看到,汉代中期,朝廷官员已知成都教育卓越,学子事业有成。古典教育乃国之根本,成都平原卓越的教育成就对成都平原与汉代首都"中心——边缘"关系产生了重大影响,自公元前 316 年影响逐渐增强。在朝廷看来,成都教育对国家意识形态的渗透,改变了其现有的作用和地位。④

二、奠定荆州学派基本课程体系

如果没有彼时成都卓越的教育制度,玄学就难以在成都二次发展。玄学发轫,可追溯至严君平其人。严君平,西汉末成都人,扬雄之师,其融合儒道两大家典籍之说,对后世影响巨大,包括荆州学派主要人物桓谭、张衡、马融和宋忠。严君平是第一个将《易经》《老子》与《庄子》融为一体之人,并运

① 关于四川书刀,见钱存训:《汉代书刀研究》,《中国文化》(第 12 辑)1971 年。
② 见班固:《汉书》卷 89,中华书局,1963 年,第 2656 页。获取更多的资料,见常璩撰、刘琳校注:《华阳国志》,成都:巴蜀书社,1984 年,第 214 页。
③ 班固:《汉书》卷 89,中华书局,1963 年,第 3626 页。结果汉朝八个职位中,四个"蜀国应召士大夫"虚位以待,(见常璩撰、刘琳校注:《华阳国志》,成都:巴蜀书社,1984 年,第 223 页)。不少私塾建于蜀,其中杨伊(建于什邡)、段毅和杨厚开办的学堂(建于新都)最为出名。关于蜀创办学堂,见蒙默等:《四川古代史稿》,四川人民出版社,1989 年,第 107—108 页。据《华阳国志》记载,汉朝一半"应召士大夫"来自蜀(见常璩撰、刘琳校注:《华阳国志》,成都:巴蜀书社,1984 年,第 223 页;任乃强:《华阳国志校补图注》,上海:上海古籍出版社,1987 年,第 148 页,注释 27)。长安为西汉都城,洛阳为东汉都城,均为汉朝知识中心,但事实上,国家最优秀的思想家不一定荟萃于国家首都(如美国的华盛顿特区)。
④ 教育决定社会地位,见班固:《汉书》卷 28 下,中华书局,1963 年,第 1645 页。

用占卜之术提升迷茫沉沦之人的道德行为。他每日赶集,以蓍草茎与龟壳预测他人之运势,劝人从善。严君平倡导父爱子、子尊父,兄弟姊妹互助,人与人真诚信任。然而,一旦占卜所得足以维持朴素的生活,他便撤摊专心去教授《老子》《庄子》了。

显然,严君平没有像其他学者那样当朝做官①,其所授内容,吾等知之甚少,但知道其弟子扬雄秉承师道,强烈质疑传统政治体制以及京师文化对"完美"的追求。从扬雄著作可知,严君平在研究"玄学"之初便强调"天道"只可意会不可言传,同时强调人类应树立榜样,洞察自然规律;学习经典,践行礼仪,可培养洞察力,最终专注占卜,以达到永恒。彼时扬雄所见皆衰落之态,故其所著《太玄》提出新的境界,要求充分理解文明秩序。故而,扬雄对汉代儒家经典独特的见解为世人接受,人们逐渐遗忘了西汉末不同寻常的玄学。

吾等不可夸大严君平对玄学的贡献,以及扬雄对东汉及以后古典传统的贡献。玄学思想之绝妙,文学语言之高雅,不胜枚举。据大师宋忠的诠释,扬雄对典籍的解读成为刘表治下荆州学派的核心教学内容。刘表创办的荆州书院②坐落于湖北一小镇(今襄阳),水上贸易与成都联系密切,因此吸引了三百多位博士在此任教。他们学术精湛,唯一竞争对手是由郑玄与其主要弟子创立的私塾,而这些私塾重视的是语言、文学理论和语法的学习。

公元 208 年,保护人刘表去世,荆州书院遂被解散,导师及其弟子分散在各地都邑,或回归蜀地,或流落南方吴国或魏都——人人皆带着荆州学术研究的特殊烙印。显然,其学术思想随个人理解不同而改变。荆州学派对

---

① 常璩撰、刘琳校注:《华阳国志》,巴蜀书社,1984 年,第 701—703 页。严君平(严遵)是主要的文学人物(见班固:《汉书》卷 28 下,中华书局,1963 年,第 1645 页)。很多学者都认为他为"庄大师",他的言论散见于《道德真经指归》的文章中,并作为道教典籍的一部分(参见蒙文通《略论山海经的写作时代及其产生地域》,《巴蜀古史论述》,四川人民出版社,1981 年,第 111—113 页)。

② 关于荆州学派,见吉川忠夫:《汉代晚期的荆州学派》,《日本东方学会》第 60 辑,1991 年;汤用彤:《王弼的易经与论语新解》,《哈佛亚洲研究学刊》第 10 期,1947 年。玄学作为后世思想的起源,见王葆玹:《玄学通论》,五南图书出版公司,1996 年。

王粲、王弼及王肃的思想影响颇深。① 历史学家对于王肃与郑玄学派之争倾向于论述后汉时期的教育改革。此观点在某种程度上颇有道理，其重点在于教育改革受各方面的推动，如早期传统对国家特权的批判。荆州学派坚持宇宙之道、神秘主义为其追求目标，执着地推动历史变迁——扬雄早期著作就论述了多种改革推动作用。② 吾等不应将道德等同于玄学，作为美学家公开的自我呈现，此举有违道德。③

三、创立独特的象征主义——天师道

人们对早期传入的佛教知之甚少，无法概述其对当地的影响。④ 传统道教认为其独特的组织和宗教信仰有两个来源：其一，公元 184 年东部沿海地区爆发的黄巾起义，此乃精心谋划的"千年王国运动"⑤，意在恢复"太平"；其二，公元 2 世纪成都众多救世教派中最著名的"天师道"⑥。据说彼时"天师道"盛行，成都教派对道教传统以后的发展及教义阐释影响更大。

---

① 王弼继承了他的叔叔、荆州学派大师王粲的藏书。王肃抵荆州，寻找反驳郑玄的灵感和修辞。刘备死后，宋忠效力曹魏，曾与他一起研究扬雄的《太玄》。如果王肃是《孔子家语》的作者，正如大多数人认为的那样，他所描述的理想的儒学学说便与扬雄的观点吻合（见《孔子家语·儒行解》，尤其第 219 页。如郑玄评注《太玄》，其他评注见吴国陆凯、虞翻以及陆绩著述）。

② 举一例，玄学追随者对政府的特权提出了尖锐的批评。见陆凯的回忆，他借用孟子和扬雄言论，其文章收录在陈寿所著的《三国志·吴书》卷 61（中华书局，1959 年，第 1400 页）。（见唐长孺 1957 年编修的《玄学概述》，尤其是第 338 页。）

③ 戴梅可：《传统汉学家的自我对话》，《东西方哲学》第 47 辑，1996 年。

④ 然而据文献记载，佛教是通过三条丝绸之路传入中国的，其中两条线路的终点为成都。第一条为陆路，经缅甸和云南；第二条为海路，沿东南沿海地区到长江；第三条途经四川通往西北，途径酒泉和鄯善，横穿整个中亚。（见爱德华：《马豪的洞穴浮雕》，1954 年；石田敬之：《六世纪后期的蜀地与佛教》，《东方宗教》第 48 辑，1976 年，第 30—55 页及芮玛丽：《中国与中亚的早期佛教艺术》，布里尔学术出版社，1999 年。）成都石柱摹拓时间可追溯至公元 427 年，与敦煌同期材料十分相似。由此推测，两地佛教团体后来一直保持着密切交流。

⑤ 千年王国运动（Millennialism Movement）也称"千禧年主义"。"千年王国运动"是某些基督教派的信仰，认为千年循环，一千年出现一个黄金时代，人类大繁荣，和平来临，地球变为天堂。一些外国学者认为，张角领导的黄巾起义与洪秀全领导的太平天国运动，从宗教角度解释，也是"千年王国运动"。（见三石善吉：《中国的千年王国》，上海三联书店，1997 年。）——译者注

⑥ 黄巾军的意识形态主要源于齐国甘忠可（？—约前 22 年）。有关记述，见鲁惟一：《汉代中国的危机与战争（公元前 104 年—公元 9 年）》第八章，乔治·艾伦出版社，1974 年。讨论黄巾军的著作颇多，贝克认为，黄巾军与天师有关（见贝克：《太平经的日期》，《通报》第 66 辑，1980 年）。在此之前，我们无法确认黄巾军的信仰、实践以及组织形式（见柏夷：《早期道教经文》，加利福尼亚大学出版社，1997 年，第 26 页评注："尚待解决编年史与文本问题"）。

著名宗教史学家司马虚认为，"天师道徒"是那些仅限于承认第一代天师历史地位的人。众多学者认为此言过于简单，不应如此区分道士，至少早期和中世纪的道教传统都认为，"天下万物莫不遵道，遵承教令众生之责"①。

阶级利益不同，教派竞争激烈。成都教派虽然分支众多，但都崇拜当地圣人李弘（公元前1世纪末），视李弘为老子的化身。吾等熟知天师教派洞察时间、观察体行，将宇宙秩序置于道教正一派二十四炁表中。② 二十四治择24对夫妇为"祭酒"，传度、授箓以接老子提炼之气。天师身带修身养心之术，举行大众仪式，主持斋醮忏悔。③ 首先，要求信徒摒弃世俗陋习，通过高度仪式化的活动理解普世之道、重新认识自己："道也者，通也，无不通也"；"道也者，不可须臾离者也"。④ 其次，设计多种活动以促进个体与宇宙更好地融合（比如，拜忏共修、善行善事、庆典祈神、"合气"等）。为了荡涤体中之秽物，还增加了净身仪式，"静室"冥思等诸多方法。⑤ 信道之人可入道团，而入团之人则目光敏锐，"超凡脱俗"；他们生活上相互扶持，希冀超越现世，以获永生。⑥ 此后，这种宗教观点广为传播，反映并加速了现世伦理取代来世伦理的进程。

早期哲学文献强调，回归到远古理想状态十分必要。彼时的道教不受人为因素干扰，十分纯粹。最初，"天师"提出了惊世骇俗的新思想——自古人君，皆云受命于天；老子之说不再是圣人、圣君或名门望族的独家典籍，其

---

① 司马虚：《论陶弘景的炼丹术》，载于《中国宗教文集》，耶鲁大学出版社，1979年。关于对司马虚观点的批评，见贺碧来：《道教历史中的上清派之启示》卷1，巴黎：法国远东学院，1984年，第72—74页；贺碧来：《14世纪的道教发端史》，巴黎：牡鹿出版社，1997年。关于引用语，见柏夷：《早期道教经文》，加利福尼亚大学出版社，1997年，第15页。

② 关于成都教派早期的历史，见索安：《早期道教救世主义中的真君形象》，《宗教史》（第9辑）1970年，第232、237页。关于宇宙之道，见施舟人：《老子中经初探》，NOAG出版社，1979年。

③ 大渊仁治：《道镜氏的研究》，小山：《小山大学》，1964年，第4—63页。天师祭酒在公元前173年的一石碑碑文中有记载（见大渊仁治：《初期的道镜》，东京：创文社，1991年，第41—44页）。

④ 第一个引语来自扬雄《法言》3.7；第二个大部分来自任何早期的道教文章。

⑤ 根据冯学成等所述，几个世纪以来，成都为领先的冥思训练中心。见冯学成等：《巴蜀禅德论》，成都：成都出版社，1992年。关于身体精练，见索安：《死后不朽》，柏林出版社，1987年。如夏德安所言，复活的观点比佛教引入中国的时间要早得多。见夏德安：《战国宗教的复兴》，《道教研究》（第5辑），1994年。关于静室部分，见石泰安：《公元二世纪道教政治宗教运动评述》，《通报》（第50辑），1963年。

⑥ 柏夷：《早期道教经文》，加利福尼亚大学出版社，1997年，第41—46页。

倡导的行为准则忽然与众生息息相关。① 因此,天师道虽不乏来自精英阶层的人,但对招募下层阶级、文盲及"蛮夷"(即居住在成都平原部分被汉化了的少数民族)持开放态度。尽管天师道领袖张鲁于公元 215 年投降曹操,天师道早期组织土崩瓦解,天师道主张回到原始大同社会的这一主张仍对后世的道德观念产生了深远的影响。曹操遣天师道四分之一信众(约十万人)至全国各地,使得源于成都平原的流徙文化迅速传播到其他地区。②

不满占卜掌控国之命脉,不满祭祖崇拜、铺张浪费,彼时社会诸多诟病道教皆反对,故成都平原道教信徒众多,道教颇受推崇。道教承诺收复当地神灵,将众神灵转化为保护神。传说张道陵施计将十二个来自潮湿阴间的恶魔囚禁于一个大盐井之中,后又将其变成掌管地方经济的守护神。③

四、天佑神护——崇拜西王母

汉代时期,成都人崇拜西王母。④。早期,道家为了劝说信徒放弃对西王母的狂热崇拜,将道家与当地圣人李弘、张道陵相联系,此举对宣传道教大有益处,如同玄学斥长生不老之说引用严君平之言那样。后期,道教迫于信徒的压力,在他们的神殿为西王母设一神位,此乃明智之举。⑤

汉神话赋予西王母多种角色:掌管昆仑,主管阴灵,拯救遭受饥饿、旱灾、瘟疫以及身患其他衰竭性疾病的人,她是主宰天地阳气的东王公("阳

---

① 据索安记载(《从墓葬的葬仪文书看汉代宗教的轨迹》,《世纪》第 29 辑,1978 年),道教之前,与神灵交流被视为国家特权。《想尔注》(公元前 200 年)论老子,乃天师作品,向大众传授,并不限于特权阶层。

② 大渊仁治:《初期的道镜》,东京:创文社,1991 年,第 55—57 页。一项证据表明,天师道源于流徙文化,在其宗教传播中可见一斑:献酒之人在旅途中每隔一段时间都会沿主干道建立"责任屋"(衣舍),在那里邀请流徙者享用为他们储存的米饭和肉。

③ 见鲁惟一:《天堂之路:中国长生之道研究》,乔治·艾伦出版社,1979 年,第 96 页;石泰安《公元二世纪道教政治宗教运动评述》,《中国宗教文集》,耶鲁大学出版社 1979 年;傅飞岚:《张陵与陵井盐井之传说》,巴黎:远东出版社,1997 年。傅飞岚认为,该传说可追溯至东汉,但现存最早的有关参考文献是公元前 697 年的一个片段。

④ 无论是精英还是胸无点墨之人都是西王母的信徒。见鲁惟一:《天堂之路:中国长生之道研究》,乔治·艾伦出版社,1979 年,第 86—125 页;巫鸿:《西王母》,《美成在久》1987 年 11 月;詹姆士:《汉代西王母形象研究》,《亚洲艺术》(第 55 辑)1995 年。在汉和魏晋时期,很多地方都曾发现西王母的形象,包括孔王山(江苏省,现在连云港市的南部)、林尔(内蒙古)和沂南(山东省)。

⑤ 西王母看似半人半兽。公元 1 世纪多出现在神庙艺术(比如山东嘉祥)。公元 2 世纪,四川郫县一石棺上刻有西王母肩膀上的火焰或翅膀。见詹姆士:《汉代西王母形象研究》,《亚洲艺术》(第 55 辑)1995 年,图 21。

气")的配偶。成都宗教信徒称之为幸运神。信徒供奉西王母，都知道她正面标志性的姿势：蓬发戴胜，居于宝座之上，两侧盘虎龙、蟾蜍、兔（正用研钵与研杵捣长生不老之药）、无尾狐、带翼仙人以及众信徒伴之。

西王母最早或源于西汉末年河南祭祀西王母的仪式，有长篇文字记载。公元前3世纪，其信徒从26个封地齐聚长安[①]。然而史料证明，西王母崇拜源于古蜀，沿蜀河流、陆路迅速向北、向东以及中南传播，并烙上了四川独特的风格，随之亦传播了其独特的形象。[②] 西王母崇拜源于古蜀，推理如下：

其一，西王母常见于古代蜀汉石棺和古蜀"摇钱树"中心。[③] 其二，西王母居昆仑及周边之地，而此地甚为神秘。最初人们认为，昆仑山系位于古蜀

① 公元前3世纪在都城的这次行军，见班固：《汉书》卷11，中华书局，1963年，第342页；《汉书》卷27上，第1476页。现存西王母的早期文学作品，见《山海经》和《竹书纪年》，后来河南的绘画作品认定此为西王母之像，见南阳画像石编委会：《南阳汉代画像石》，文物出版社，1985年。另有两个经常被引用的作品不太可信：有人认为四分之三的西王母像现于卜千秋墓，但此说法尚存争议，其鉴定结果尚不明确，见孙作云：《洛阳西汉卜千秋壁画考释》，《文物》，1977年第6期，第17—22页。西王母出现在公元10年的铜镜之上，但真实性也饱受争议，见《考古学杂志》第18辑，1928年，第31—33页；小南一郎：《西王母与七夕传承》，《东方学报》第46册，1974年，第33—82页；小南一郎、曾步川宽：《昆仑山与升仙图》，《东方学报》第51册，1979年，第83—186页；鲁惟一：《天堂之路：中国长生之道研究》，乔治·艾伦出版社，1979年，第169—173页。

② 四川以外的地区，一些造诣极高的艺术作品中，西王母的形象（公元96年绘）令人瞩目，如吴兰：《陕西绥德汉画像石墓》，《文物》，1983年第5期，第29页，图2。对比陕西绥德的细石门楣，见石慢：《野兽与神灵：中国艺术景观上的早期表现》，柏林国家博物馆，1985年，其上为女王正面像，两侧伴信徒。在东王公旁，一只兔子在捣制不老神药。荀子曾记载王母教大禹，神话传说他生于岷山。注意鳖灵的故事，其中有一些令人好奇的相似之处：开明古国的创始人、昆及其儿子、大禹等的传说。据传三人幻化成龟，禹出生地与鳖灵复活之地不谋而合。见徐中舒：《巴蜀考古论文集》，文物出版社，1987年，第74、159—160页；应劭：《风俗通义》卷9，成文书店，1968年，第74页；《汉书艺文志》卷2第98页；白安尼：《山海经》，企鹅书社，1993年，第304、315页。

③ 巫鸿：《西王母》，《美成在久》，1987年；关于金钱树，见林似竹：《东汉摇钱树》，《柏林远东博物馆馆藏》第45辑，1994年，以及本书97、98号参展作品。迄今的考古发现，出土的蜀墓葬中西王母常占据中心位置。见芮玛丽：《中国与中亚的早期佛教艺术》，布里尔学术出版社，1999年。

境内,或靠近古蜀——随着中亚板块变化,昆仑位置逐渐西移。[1] 曾有一件汉代精美彩帛出土,彩帛呈现神秘的昆仑与古蜀风格的摇钱树[2],守护昆仑山门之一的便是名为"开明"的九头兽。公元前 316 年秦征服九头兽之前,开明九代家族皆为成都平原霸主。其三,西王母的随从包括白虎,属古蜀文化,历史悠久,甚为神明。[3] 其四,天空中时常出现驱使人类寻求保护的精神力量,或来自西南方向。[4] 其五,尚未驯化的半人半兽常见于古蜀艺术。西王母掌管天下,无配偶相伴,不像中原其他地区神灵。在中原地区,西王母夫君相伴,代表"阴"和"阳"两种宇宙力量。[5] 西王母在古代四川无其他

---

① 《山海经》是现存关于西王母的第一个文本。四川,"天下之中"这一说法在《山海经》中得到确认。见蒙文通:《略论山海经的写作时代及其产生地域》,《巴蜀古史论述》,四川人民出版社,1981 年;童恩正:《中国西南民族考古论文集》,文物出版社,1990 年。根据《蜀王本纪》,李冰把温山(郫县附近)作为通天入口;而其他汉代文本则认为西王母居于玉山,临近萨满山(亦在四川)。见顾颉刚:《论巴蜀与中原的关系》,四川人民出版社,1981 年,第 75 页。关于昆仑位置的变化,见施泰纳和加德纳:《罗马帝国时代的中国》,巴迪出版社,1996 年,第 273—278 页。早期的一些传说中,西王母曾居于山洞中,见司马迁:《史记》卷 117,中华书局,1959 年,第 3060 页。蜀地多洞穴墓葬,崇拜山水。关于青铜酒杯上西王母和昆仑的描述,见林巳奈夫:《汉代鬼神的世界》,《东方学报》第 46 册,1974 年,第 248—249 页。巫鸿同意曾布川宽的意见,见曾布川宽:《陵墓制度和灵魂观》,《文博》,1989 年第 2 期,第 34—38 页。关于西王母传说和昆仑神话的独立性的说法,见巫鸿:《武梁祠:中国古代画像艺术的思想性》,1989 年,第 119—126 页,似乎这仅仅是为了掩盖另一个主题,忽略了宗教艺术的倾向。

② 长安城没有生产丝绸的手工作坊,手艺人只在皇家作坊编织精美丝绸。这些丝绸可能来自四川。见盛余韵:《中国早期丝绸影响力的消失》,《中国科学》(第 12 辑),1995 年,第 60 页。

③ 李学勤:《东周与秦代文明》,文物出版社,1985 年,第 162—164 页。老虎图案发现于三星堆(39-40 号),也经常出现在东周巴蜀的兵器之上(比如 82 号)。关于虎之崇拜,见段渝:《蜀文化考古与夏商时代的蜀王国》,《四川文物》,1994 年第 1 期,第 9—11 页。白色乃西方之色,王母的保护标志是门枢下面的"白发"。

④ 班固:《汉书》卷 26,中华书局,1963 年,第 1311、1312 页。

⑤ 四川以外的墓葬中,西王母总是与配偶同时出现,配偶是伏羲或更常见的东王公,比如,在卜千秋墓、公元 96 年陕西墓,以及河南、河北和山东的东汉墓群中。蜀地少量晚期样本发现西王母与其配偶一并出现,承担一个模糊的宇宙角色,见何志国:《四川绵阳何家山 2 号东汉崖墓清理简报》,《文物》,1991 年第 3 期,第 1—8 页。样本中的人可能是来自东部的移民。值得注意的是,在东汉末年文献的描述中,佛与西王母一同出现,尤其在东部沿海和四川。正如曹魏时期《正一法文天师教戒科经》(正一道天师戒律和经文)认定的那样,早期的天师道徒认为共体之源乃宇宙之道、生命之道、神仙所在;对于玄学古典主义学者,此乃贤先之道,是道教在人类生存领域里的成功体现。对比施舟人著述:《清与浊:中古道教变动不定的界限》,《通报》(第 80 辑),1994 年,第 78 页。天师所创"草根"(众民)一词,似乎是"群众"(众民)的双关语。关于双关语对汉修辞的重要性,见吉拉多特:《早期道教中的神话和内涵》,加利福尼亚大学出版社,1983 年,尤其是第一章。

神灵相伴,不与其他神灵混淆,形象稳重,这便是西王母崇拜源于古蜀的有力证据。

五、结语

成都手工业发达,民族多源,教化重礼。由于家族门阀田地房产逐年激增,百姓开始遥想过去,怀念过去的简单生活。道士与玄学传播之人,个人与社会都有可能得到赎救。"道"或"天"不时显现于真实卓越的个体之中,他们坚持认为所授之学可拯救信仰之人。无论道教与玄学的拥护者是否将自己视作智慧之人,抑或精通典籍的五经博士,皆努力发展人的本性,以求达到圣人的境界;两者也相信自己智慧超群,严守戒律,可引人性发展,承担改造社会的责任。

故而,吾等知道,有识之士与农夫在政局混乱之时皆借玄学与道教以示自己拥有非凡之处。成都平原居民大多坚信古蜀乃天府之国,天佑神护。调查分析表明,在任何情况下,上自有识之士下至草根农夫,其传统的中国思维很大程度都源于两汉时期,而以成都原始道教及其运动和玄学为甚。

要解释过去的物质、思想和社会文化需要一系列推论和演绎。毋庸置疑,本文对于早期蜀地观察所知的复杂现象的论述或许过于简化。若考古发现新的证据,笔者将修订不实之处。政治中心必然就是经济、文化、艺术中心,那么笔者质疑过去这种惯性思维,对未知领域的此次学术冒险又未尝不可,值得一试。[①]

作者简介

戴梅可(Michael Nylan) 美国加州大学伯克利分校历史系教授,汉学家。研究方向:中国古代政治、民族、文化、宗教。

朱华 安徽潜山人,四川师范大学外国语学院教授。研究方向:旅游文化、翻译与跨文化交际。

---

① 反思过去"中心—外围"范式的现代政治困境,见罗泰:《论中国早期巫者的放治功能:(周礼)的巫官及其他》,载于《民族,政治与考古实践》,剑桥大学出版社,1995年。关于原有地域概念的两个评论,见刘易士、魏根:《大陆的神话》,加利福尼亚大学出版社,1997年;罗兰等:《古代世界的中心与边缘》,剑桥大学出版社,1987年。

王佳瑶　陕西咸阳人,四川师范大学外国语学院 2020 级研究生。研究方向:翻译与跨文化交际。

颜信　四川自贡人,博士,四川师范大学巴蜀文化研究中心助理研究员。研究方向:巴蜀文化史、中国古代史。